AF274682

RADIO ESCOLAR

DESDE DENTR●

TODAS LAS CLAVES
PARA INICIAR
EL PROYECTO

Jesús Ángel Pindado
Francisco Valero

Saralejandría
ediciones

Este libro está dedicado a todos los docentes que aman su profesión y a todas las personas que nos acompañan de un modo u otro en este viaje.

ÍNDICE

PRÓLOGO
JAVI NIEVES

Los medios de comunicación transforman nuestra percepción del mundo. No solo modifican cómo vemos y entendemos las cosas, sino cómo pensamos, cómo miramos, y, lo más importante, cómo escuchamos. Captar la atención de las nuevas generaciones nunca ha sido tarea fácil. Hoy en día, se necesitan estímulos más rápidos, más intensos, más visuales. La lectura ya no atrae como antes, la televisión se siente obsoleta, y las películas, aunque cada vez más dinámicas y cargadas de historias entrelazadas, siguen luchando por conectar de una manera profunda.

Pero hay algo fundamental que el ser humano lleva en su ADN: la conversación. La verdadera comunicación no es un simple intercambio de información, es un puente que conecta a las personas, una manera de abrirse al otro y darse a conocer. La radio, en su esencia, es eso: una conversación apasionada, directa y sincera. Por esta razón, la radio nunca desaparecerá.

Comunicar es escuchar. Como decía Aristóteles en su "Retórica", el buen orador no solo debe ser capaz de hablar con elocuencia, sino escuchar a su audiencia para adaptar su mensaje y persuadir de forma efectiva. La escucha activa, una habilidad tan escasa en tiempos de inmediatez, es una virtud esencial en las relaciones humanas. Escuchar para comprender, escuchar para conectar, escuchar para generar empatía.

Llevo 35 años en el mundo de la radio, una pasión que comenzó en mi niñez. Recuerdo aquellos días de soledad, especialmente en los largos meses de agosto, cuando mis amigos estaban fuera y yo me encontraba aislado en casa. La radio era mi refugio, mi compañera constante. Los locutores, aquellos rostros invisibles detrás de las voces, se convirtieron en amigos cercanos, figuras familiares. Llegué a conocer a todos los miembros de los equipos de los programas que escuchaba. Fue una relación cercana, casi personal.

Un día, cuando tenía 16 años, decidí escuchar la radio con otros ojos, con una mirada más crítica. Me sorprendió descubrir que hasta los locutores perfectos, aquellos que admiraba, cometían errores. Fue revelador, y a la vez, liberador. Me di cuenta de que todos tienen un comienzo, que el éxito no es fruto de la perfección, sino de la dedicación y el aprendizaje. Ese momento fue decisivo. Comencé a llamar a emisoras locales para hacer mis primeras pruebas, aunque el camino era complicado. En ese entonces, no existían las plataformas online de hoy. El único camino era aprender de manera directa, practicar, equivocarse y mejorar.

Este libro de Jesús Ángel Pindado y Francisco Valero es, en este sentido, una herramienta invaluable. Es un manual para arrancar un proyecto lleno de pasión, un proyecto que empieza con la escucha. Es esencial que aprendamos a escuchar a los demás, especialmente a los jóvenes, para entender sus intereses y motivaciones. Si lo que les apasiona son los videojuegos, ¿por qué no permitirles hablar sobre eso? Pero que lo hagan con preparación, que sepan expresarse con claridad, que desarrollen su capacidad de argumentar y razonar. Que aprendan a ser críticos, a investigar y a comunicar con pasión, porque lo que hoy les interesa puede ser un videojuego, pero mañana será una película, un libro, el fútbol, o incluso la política.

Las herramientas que ofrece la radio son útiles para cualquier tema. La radio enseña a captar la atención del receptor, a conectar con él de manera efectiva. Este receptor que hoy proponemos como un oyente de radio, en el futuro de estos jóvenes se habrá convertido en un cliente, un compañero de trabajo, un futuro jefe en una entrevista de trabajo. El aprendizaje de la radio trasciende las ondas. Enseña a comunicar, a expresar ideas con confianza, a tener recursos y a ampliar el vocabulario.

Pero hay un aspecto crucial que no podemos ignorar: la radio también es peligrosa. Te enfrenta a ti mismo. En el momento en que te escuchas, comienzas a ser tu mayor crítico. La voz, esa herramienta tan poderosa, refleja todo: tus inseguridades, tu preparación, tu confianza. Todos odiamos escuchar nuestra propia voz, y nos parece que siempre podríamos haberlo hecho mejor. Esa es la magia de la radio: nos hace más conscientes de nosotros mismos, pero también nos reta a crecer. Enseña a aceptar nuestras imperfecciones y a mejorar a través de la autocrítica constructiva.

La clave es que la radio se hace desde lo positivo. La confianza se transmite en la voz, y si no te has preparado bien o no crees en lo que estás diciendo, el oyente lo notará. En la radio, todo se percibe. Por eso, es fundamental que los estudiantes aprendan a prepararse, a tener recursos y a confiar en lo que dicen. La radio se convierte en una clase práctica de lengua, retórica, y pensamiento crítico. Es la mejor manera de aprender a debatir, escuchar, razonar y pensar con claridad.

Todos los colegios deberían tener una radio. Y no solo para hacer un programa de entretenimiento. Deberían tenerla como herramienta educativa, como espacio de formación donde los estudiantes puedan aprender a expresarse con pasión y a debatir con fundamento. En un mundo donde la comunicación está más fragmentada y superficial que nunca, la radio puede ser el punto de encuentro donde las ideas se construyan, se compartan y se comprendan.

SOBRE NOSOTROS

Jesús Ángel Pindado y Fran Valero son dos docentes apasionados por la radio escolar, una pasión que no solo los unió como amigos el pasado 2024, sino también como compañeros en esta emocionante aventura. Entre las distintas experiencias que han compartido, destaca la decisión de escribir este libro a cuatro manos, convencidos de que esta colaboración enriquecerá significativamente el contenido.

Una vez contextualizado su vínculo, indicamos brevemente algunos datos biográficos sobre los autores en cuestión:

JESÚS ÁNGEL PINDADO

Es maestro de Educación Primaria y un apasionado del mundo de la comunicación y la tecnología. A lo largo de su trayectoria profesional, ha desarrollado diversos proyectos que combinan estas dos áreas.

Su primer proyecto fue la creación de una televisión escolar llamada Kolbe TV. Más recientemente, en septiembre de 2022, puso en marcha junto con Miguel Ángel Chavero una radio escolar denominada *VIVES LA RADIO* en el CEIP Luis Vives de Parla, donde actualmente ejerce como docente. Al igual que su compañero, este proyecto fue reconocido en 2023 con el primer accésit en los premios Gonzalo Estefanía. Además, el programa televisivo La Aventura del Saber dedicó recientemente un reportaje que destaca esta iniciativa y el periódico Magister también se ha hecho eco del proyecto.

Además de su labor docente, desempeña un papel destacado como divulgador en redes sociales y medios de comunicación, donde comparte experiencias, recursos, lecturas y noticias sobre radio escolar en la que fomenta el interés y el aprendizaje en este ámbito. Su compromiso con la educación se extiende a la formación docente, donde imparte seminarios sobre esta temática en centros escolares de toda España.

Desde 2023, Jesús Ángel colabora en el programa *Fin de Semana* de la Cadena COPE, donde se encarga de la gestión de las redes sociales del exitoso espacio radiofónico.

FRANCISCO VALERO

Es profesor de Lengua y Literatura de ESO y Bachillerato en el Colegio Internacional J.H Newman de Madrid. Es coordinador de la radio escolar del centro y está especializado en expresión oral y teatro. En 2022 coordinó el pódcast *Referéndum* realizado por alumnos de 3º y 4º de la ESO que se alzó con el primer premio del IV certamen Gonzalo Estefanía organizado por la Fundación COPE. Además, edita y colabora mensualmente en el pódcast *Trata de arrancarlos* dedicado a la relación entre deporte y sociedad.

INTRODUCCIÓN

QUERIDO DOCENTE –O CURIOSO DE LA EDUCACIÓN–:

Si estás leyendo esto, probablemente eres alguien que ya ha descubierto o intuyes lo que la radio puede aportar a un centro educativo y, en consecuencia, a la educación de tu alumnado. Tanto si tienes experiencia como si no, el manual que tienes en tus manos pretende hacerte avanzar solucionando preguntas que quizá ya te hayas planteado, pero que ni Internet ni otros compañeros te las han podido responder. Intentaremos ir de lo básico a lo más complejo, sabiendo que nos dejaremos muchas experiencias educativas en el camino, pero con el ánimo de ir recorriendo todo el proceso sin saltarnos ningún punto para que puedas llevarlo a cabo en tu propia aula o centro.

Vivimos un presente donde la atención de niños y adolescentes está muy mermada o focalizada en las pantallas portátiles, y el uso de la radio es un poderoso aliado en la tarea del docente y de la comunidad educativa para ofrecer una alternativa más humana, —¿qué es la voz, si no?— a la que ofrece el scrolling y la hiperconectividad de nuestros días: por un lado, ayuda a la atención del alumno poniéndole en alerta ante algo que tiene que hacer, y, por tanto, lo convierte en agente activo de su aprendizaje. Y por otro, contribuye a su educación emocional y comunicativa, ya que es una actividad que implica necesariamente el diálogo, el consenso y la unión de esfuerzos entre personas.

¿Sabías que...

Aunque no se ha logrado identificar a la primera persona que introdujo las radios en las escuelas, sí conocemos al inventor de la radio? Fue el físico italiano Guglielmo Marconi, quien patentó este revolucionario invento en 1896 y es reconocido por realizar la primera transmisión por radio de la historia.

El uso de la radio con fines educativos nos lleva acompañando en las aulas prácticamente desde su origen como medio de comunicación de masas en los años veinte del siglo pasado. Junto a otras tecnologías (televisión, vídeos VHS, CD, MP3) siempre ha acompañado a profesores y centros educativos a lo largo de todo este tiempo en escuelas y territorios de todo el planeta. Una radio para enseñar y para aprender. Son múltiples los proyectos que ilustran esta historia, tanto radios que emiten contenidos educativos para poblaciones nómadas, o analfabetas, como emisoras empleadas como foro de discusión en la universidad o como herramienta pedagógica integrada en el aprendizaje de los contenidos. En España tuvo un auge a partir de los años 80 y ha vivido una historia intermitente, irregular, hecha a base de impulsos de profesores enamorados de la radio con proyectos ilusionantes, algunos perennes y otros no tanto. Ahora, con el abaratamiento del equipamiento y las posibilidades creativas que ofrecen los ordenadores y móviles, se ha convertido en una herramienta educativa mucho más eficaz y dinámica.

La radio escolar se ha definido desde los trabajos universitarios y tesis doctorales como herramienta pedagógica, medio educativo, recurso didáctico o proyecto educativo que permite al alumnado desarrollar competencias comunicativas, creativas y sociales. En este manual, cuando mencionemos Radio Escolar nos referiremos tanto a la tarea de profesores y alumnos en su labor comunicativa de lo que sucede en las aulas —lo que podríamos llamar una radio de centro— y los esfuerzos orientados al aprendizaje de las asignaturas a través de la radio —lo que vendría a ser una radio de aula—.

En la actualidad y desde 2018, tanto la Junta de Extremadura (*RadioEDU*) como la de Canarias (*Programa READ*) han hecho grandes esfuerzos institucionales para crear una red regional de radios escolares que están liderando e impulsando la misma iniciativa en otras autonomías como Madrid (*Voces del Aula*) o en Asturias (*Educastur*). La importancia de un apoyo institucional que sirva de marco y apoyo a las radios escolares es fundamental para que pueda desarrollarse e implantarse en toda la comunidad educativa del país.

La propia dinámica del centro con sus particularidades —apoyo institucional, equipo docente, equipo directivo y comunidad educativa— determinarán el tipo de actividades radiofónicas que se producirán a lo largo de los cursos, ya que es relativamente sencillo iniciar una radio escolar pero mucho más complicado mantenerla en el tiempo integrada en la actividad educativa diaria.

La radio educativa tiene la capacidad de alcanzar a todo tipo de alumnado pudiendo establecer los niveles educativos o una educación personalizada con mayor flexibilidad favoreciendo la inclusión, la diversidad, la convivencia y, en definitiva, la autoestima de cada alumno a la hora de enfrentarse al mundo.

Este manual te ayudará a desarrollar un modo de enseñanza que conviva con tu creatividad y experiencia. Para nosotros el proceso comienza en la escucha y a su vez termina en ella, mientras recorre todas las asignaturas de un centro educativo, por lo que tiene un carácter claramente interdisciplinar, puesto que se vertebra sobre verbos fundamentales para desarrollar la razón: leer, buscar, comparar, debatir, memorizar, exponer, expresar, recordar, persuadir, sentir o improvisar, entre otros. ¿Cuáles son los tuyos?

66

La radio es como una especie de reloj: tic, tac, tic, tac... Es como otro corazón que te acompaña todo el día: mañana, tarde y noche. Y fíjate en un detalle: de todos los medios que existen, es el único que no te obliga a dejar de hacer lo que estás haciendo. La radio está, te acompaña detrás como si fuese una segunda voz. **Si queréis vivir una vida maja, elegid la radio.** ¡Lo pasaréis muy bien!

Iñaki Gabilondo

99

UN MOMENTO.
¡NO EMPECEMOS
LA CASA POR
EL TEJADO!

A lo largo de las próximas páginas, queremos compartir con vosotros, basándonos en nuestra experiencia, aquellos aspectos clave a tener en cuenta a la hora de iniciar un proyecto de radio escolar en vuestro centro. Nuestro objetivo es destacar los cimientos necesarios para construir una estructura sólida que garantice la permanencia y sostenibilidad de un proyecto de estas características.

Es posible que muchos de vosotros, quienes habéis adquirido este libro, ya hayáis implementado un proyecto de radio escolar en vuestros centros. En ese caso, este capítulo podría pareceros irrelevante o creer que os aportará poco, dado que el proyecto ya está en marcha. Sin embargo, es precisamente a vosotros a quienes queremos invitar a leerlo con atención y a reflexionar sobre si considerasteis en su momento los aspectos que aquí proponemos. Si alguno de ellos no recibió la atención debida, creemos firmemente que «nunca es tarde si la dicha es buena». Es decir, todavía estáis a tiempo de incorporarlos a vuestro proyecto.

Si, por el contrario, eres uno de esos maestros que intuye los beneficios que puede aportar un proyecto de radio escolar pero no sabe por dónde empezar, a continuación, describiremos los aspectos fundamentales a tener en cuenta para proponer este proyecto en tu centro.

Te tocará ponerte en el papel de un comercial y entender muy bien cuáles son las cualidades de tu producto y cómo «venderlo» a los distintos agentes educativos, o los *stakeholders* (grupos de interés en un proyecto), para que autoricen su inicio o se adhieran al mismo y lo desarrollen. Dividiremos a dichos agentes en cuatro grandes bloques y, como verás, cada uno de ellos requiere un enfoque distinto del proyecto.

Vender el proyecto

EQUIPO DIRECTIVO

Es fundamental transmitirle seguridad. Sus miembros deben percibir que eres el primero en creer en el proyecto y que te presentas ante ellos con una idea clara, bien estructurada y con objetivos definidos. Una vez que entiendan la propuesta general, querrán saber qué implica llevarla a cabo. Entre las preguntas que podrían plantearte están:

- ¿Qué competencias se trabajarán?

- ¿Cómo se integrará en el horario escolar y en el currículo?

- ¿Qué espacio se necesita?

- ¿Qué coste supondrá?

Aunque enfrentarte a este tipo de cuestiones pueda parecer un desafío al principio, no te preocupes. La lectura de este manual te ayudará a abordar muchas de estas preguntas. Además, podría ser muy útil contactar con algún colega que ya haya implementado una radio escolar en su centro, pues seguramente ha enfrentado inquietudes similares y podrá ofrecerte consejos prácticos.

Recuerda que un buen equipo directivo siempre busca el beneficio de sus alumnos y, por ende, del centro. Por ello, es muy probable que reciban tu idea con interés y entusiasmo, especialmente si perciben tu compromiso, implicación y genuino deseo de construir y mejorar el centro a través de este proyecto.

Un recurso que siempre jugará a nuestro favor es presentar ejemplos reales que ilustren y den contexto a la idea que queremos transmitir. Este enfoque resulta igualmente efectivo con el próximo agente que abordaremos.

EQUIPO DOCENTE

A la hora de presentar el proyecto a nuestros compañeros, es fundamental hacerles sentir parte del mismo, asegurándote de que no lo vean como una carga adicional de trabajo que les desanime a involucrarse. Por ello, es crucial que el claustro lo perciba como una iniciativa beneficiosa tanto para sus alumnos como para su labor docente y para el centro en general.

Aspectos como el trabajo interdisciplinar, la mejora de la atención, el desarrollo de las competencias clave y la conexión directa con los contenidos curriculares son elementos que pueden despertar su interés y motivarlos a apoyar e implicarse en el proyecto. Estos factores no solo facilitan su integración en las dinámicas del centro, sino que también refuerzan su valor educativo y su impacto positivo en el aprendizaje.

ALUMNADO

Nuestros alumnos se implicarán en la medida en que los hagamos protagonistas del proyecto desde el primer momento. Algunos factores que pueden despertar su interés y favorecer su participación activa incluyen: aprender de manera lúdica; superar en algunos casos su timidez al expresarse en público; sentirse una parte fundamental del engranaje del proyecto desde sus inicios; y tener la oportunidad de interactuar y colaborar con compañeros de distintos niveles en un objetivo común.

FAMILIAS

En general, las familias suelen mostrarse receptivas a cualquier tipo de proyecto que tenga un impacto positivo en la educación de sus hijos, especialmente si la metodología es atractiva e innovadora. Sin embargo, en los últimos años, un aspecto que ha generado creciente preocupación es el uso que se dará posteriormente a las grabaciones realizadas. Por ello, es fundamental anticiparse a esta inquietud mediante una autorización que especifique claramente para qué propósitos cada familia está autorizando el uso de la voz de sus hijos.

PRIMEROS PASOS

Una vez que el proyecto de radio escolar ha sido expuesto a los distintos agentes implicados y el equipo directivo ha dado su aprobación, llega el momento de «encajar las piezas del Tetris» para comenzar con el proyecto. Son muchos los particulares a tener en cuenta para su puesta en marcha, pero aquí, por falta de tiempo, únicamente desarrollaremos los más relevantes:

ESPACIO

Para elegir el lugar más adecuado para ubicar la radio escolar del centro, es importante considerar si el aula se destinará exclusivamente a esta función o si será compartida con otras actividades. Recomendamos abogar por un espacio específico que pueda ser acondicionado adecuadamente, puesto que esto enriquecerá la experiencia de los alumnos cuando trabajen o graben en el estudio. Además, evalúa si la ubicación seleccionada está suficientemente aislada del ruido. En caso contrario, será necesario realizar una pequeña inversión para acondicionarla y garantizar un entorno idóneo para la grabación.

HORARIO ESCOLAR

Ajustar la radio escolar dentro del horario lectivo de nuestros alumnos no es una tarea sencilla, por lo que es necesario reservar algunas horas fijas a la semana dentro del horario para el diseño de programas, la elaboración de guiones, los ensayos y las grabaciones. Creemos que con dos horas semanales fijas puede ser suficiente, aunque es cierto que a medida que el proyecto se consolide y crezca, estas dos horas podrían resultar insuficientes.

COORDINACIÓN

Si queremos que el proyecto tenga un carácter interdisciplinar, como hemos mencionado, será necesaria una buena coordinación del equipo docente. Para ello, proponemos la creación de una comisión de radio dentro del equipo docente, que se reúna mensualmente para coordinarse y distribuir tareas y funciones. Aconsejamos que dicha comisión esté formada por aquellos docentes que se hayan comprometido más con el proyecto o hayan expresado su deseo de hacerlo. En ocasiones, nos encontramos con docentes que se adhieren al proyecto tras una invitación personal o una colaboración puntual.

FORMACIÓN

Un buen docente debe estar constantemente reciclándose y, por ello, para llevar adelante este proyecto será necesario que al menos una parte del claustro realice una formación básica en radio escolar. Aconsejamos que este equipo, que puede coincidir con el grupo de radio mencionado anteriormente, tenga nociones básicas sobre radio escolar y todo lo que ello implica. Igualmente, será de gran utilidad que el docente que lidere este proyecto cuente con una formación más específica para poder guiar con éxito la iniciativa y coordinar a los distintos agentes que la conforman.

En muchas comunidades autónomas existe una plataforma de innovación y formación que, entre otros aspectos, ofrece cursos de formación gratuitos para los docentes en activo que trabajan en colegios públicos y concertados. Cada vez es más habitual encontrar cursos sobre radio escolar debido a la demanda del profesorado. Esta formación también puede llevarse a cabo en el propio centro, solicitando un seminario específico sobre este contenido. Para que dicha solicitud sea concedida, es muy importante ajustarse a los plazos y trámites establecidos para su aprobación.

CREAMOS UNA IDENTIDAD PARA LA RADIO

En este emocionante camino de construir una radio escolar desde cero, hemos llegado a un paso clave: crear la identidad de nuestra radio. Para ello, te invitamos a involucrar a toda la comunidad educativa en este proceso creativo, haciendo que cada voz cuente.

NOMBRE DE LA RADIO

El nombre será el primer punto de conexión con nuestra audiencia, así que merece especial atención. Muchas escuelas optan por incluir el nombre de su centro o jugar con palabras que lo representen. Otros prefieren utilizar términos sugerentes que transmitan valores o emociones.

 Sugerencia:

Realiza una encuesta abierta en la que toda la comunidad educativa pueda proponer y votar nombres. Esta experiencia no solo enriquecerá el proceso, sino que también fomentará el sentido de pertenencia.

LOGOTIPO

● SENCILLO Y LIMPIO

Recuerda el axioma «menos es más». Evita logos recargados o con demasiados elementos; un diseño simple y con 1 o 2 piezas será más fácil de identificar y recordar.

● COHERENTE CON LA IDENTIDAD DEL CENTRO

Si el centro tiene colores corporativos o una tipografía característica, incorpóralos al diseño del logo para reforzar la unidad visual.

● PROFESIONAL

Es importante que el logotipo tenga un acabado profesional. Evita tipografías o dibujos infantiles. Diseñarlo digitalmente garantizará calidad y facilidad para reproducirlo en diferentes soportes. Considera también crear una versión negativa del logo con los colores invertidos.

● MEMORABLE

Diseña un logotipo fácil de recordar, que sea único y deje huella en la audiencia. No olvides que tu logo debe «saber envejecer» y tiene que durar muchos años.

● INNOVADOR

Atrévete a romper esquemas y sal de lo común. Un diseño original destacará y diferenciará a tu radio de otras.

● VALIDACIÓN

Una vez tengas algunos bocetos, realiza un pequeño estudio de mercado con representantes de la comunidad educativa para identificar cuál es el diseño que más gusta y conecta con el público.

Queremos poner en valor los logos creados por algunos centros escolares de la Comunidad de Madrid que participan en el proyecto *Voces del aula*. Estos diseños destacan no solo por su creatividad, sino también por el excelente trabajo realizado al tener en cuenta múltiples factores clave para construir una identidad visual que representa a sus radios escolares.

CARETA

La careta combina el indicativo (forma verbal) y la sintonía (forma musi-cal). Es fundamental que esta mezcla sea atractiva y esté bien diseñada porque facilitará que tu audiencia reconozca fácilmente tu radio entre las demás. Además, este es el momento ideal para incorporar voces infantiles o juveniles, lo que añadirá frescura y autenticidad al resultado final. Suele haber una careta de entrada y otra de salida.

 Sugerencia:

Involucra al profesor de música para que, junto con sus alumnos, di-señen una base musical original que refleje la identidad de vuestra radio escolar. Este enfoque no solo fomentará la creatividad, sino que también dará a los estudiantes la oportunidad de ser protagonistas en el proceso de composición.

Un gran ejemplo de esta práctica es la careta de *Vives la Radio*, compuesta por la maestra Irene Gallego jun-to con sus alumnos. De este trabajo colaborativo resul-tó una pieza original que resalta el talento y el esfuerzo conjunto de toda la comunidad educativa.

Una buena careta suele incluir:

- **BASE MUSICAL:** un ritmo pegadizo que represente la esencia de la radio.

- **VOZ EN OFF:** mencionando el nombre de la emisora de manera clara y memorable.

- **JINGLE:** si lo deseas, puedes agregar un pequeño jingle que sea fácil de recordar y reforzar la identidad sonora.

Para inspirarte, escucha algunos ejemplos de emisoras comerciales y analiza cómo utilizan estos elementos para destacar. ¡Haz que vuestra careta sea única y deje huella!

Lamentablemente, es común que la identidad de las radios escolares se descuide y se considere secundario dentro de un proyecto de estas características. Sin embargo, crear una identidad sólida para la radio escolar no solo es una tarea emocionante, sino también un pilar fundamental para garantizar su éxito. ¡Involucra a toda la comunidad y deja volar la creatividad!

¿QUÉ EQUIPO NECESITO PARA GRABAR?

Estamos en un momento privilegiado en el que el desarrollo tecnológico facilita enormemente la puesta en marcha de proyectos como este. Así que no hay excusas: no necesitas un equipo sofisticado para empezar, basta con un simple teléfono, una *tablet* o una grabadora para dar los primeros pasos en la «magia de la radio».

Para aquellos centros que cuentan con un presupuesto aprobado para este proyecto, aquí te indicamos qué equipo puedes necesitar para montar una radio escolar más equipada:

MESA DE MEZCLAS

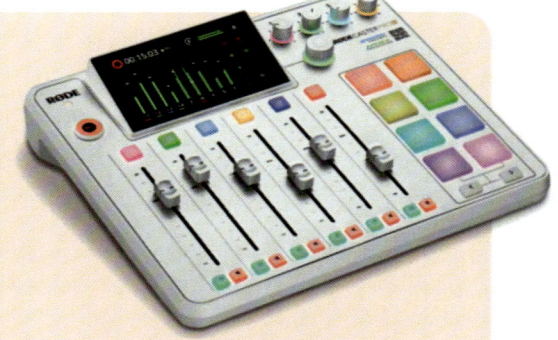

Existen mesas de mezclas analógicas con múltiples opciones, pero en los últimos años, muchas escuelas han optado por mesas orientadas a la creación de pódcast. Estas son más fáciles de usar y permiten lanzar sonidos previamente programados desde la misma mesa. Aunque estas últimas suelen estar limitadas a cuatro entradas para micrófonos, creemos que son una excelente opción por su facilidad de manejo y funcionalidad. El modelo por el que han optado muchos centros, entre los que nos incluimos, es la mesa RODECaster Pro II.

MICRÓFONOS

La oferta de micrófonos es muy variada según el rango de precios. Para empezar, recomendamos un modelo económico y funcional: Behringer BA 85A Micrófono Dinámico Supercardioide.

No olvides adquirir pies para los micrófonos y protectores antipop (antivientos) para mejorar la calidad del sonido.

AURICULARES

Te recomendamos auriculares de gama media con un buen rendimiento, como los auriculares profesionales Behringer HPM1000 para estudio.

También necesitarás un amplificador de auriculares para conectar todos a la mesa de mezclas. El modelo Behringer HA400 es una excelente opción que permite a cada usuario ajustar su nivel de audio de manera individual.

SOFTWARE DE EDICIÓN

Aunque existen programas de pago muy completos, te sugerimos comenzar con Audacity, un *software* gratuito, intuitivo y con todas las funcionalidades necesarias para editar tus programas. ¡Un ahorro que agradecerás!

ACCESORIOS ESENCIALES

● CUBOS DE MICROS

Perfectos para personalizar tus micrófonos con el logo de la radio. Simplemente, ajusta el tamaño del logo al cubo y utiliza papel adhesivo transparente para una presentación profesional.

● ADAPTADOR DE MICRÓFONO IRIG PRE 2

Este dispositivo cuenta con una entrada XLR y salida para auriculares que te permite conectar un micrófono a cualquier tablet, cámara o móvil. Es ideal para entrevistas fuera del estudio y ofrece una calidad sorprendente.

● BOMBILLA LED (TORRE DE LUZ)

La marca Heschen ofrece una excelente y económica opción para indicar que la grabación está en curso. Es un detalle que suma profesionalismo al ambiente.

● MONITOR

Contar con una pantalla de ordenador en el estudio es muy útil para proyectar. Es un elemento versátil que aporta dinamismo a las emisiones.

¿QUÉ CONTAR?

FORMATOS RADIOFÓNICOS

Nos comunicamos continuamente. Es el mar en el que nadamos, damos brazadas descartando y eligiendo palabras, de forma consciente o inconsciente, con mayor o menor grado de interés en función de quien tengamos delante. La propuesta de aunar formatos radiofónicos con los contenidos curriculares convierte al alumno en profesor de lo que aprende, enseñando a otros lo que ha aprendido. Podrán ser actividades con mayor o menor peso en la evaluación final, pero nos aseguramos de que el alumno va a vivir una experiencia de aprendizaje significativa. ¿Qué mejor manera de aprender que enseñar lo que aprendes?

La importancia del uso de la radio escolar radica en que supone una forma de aprender a la altura de la lectura y del visionado de vídeos, sin la distracción que, hoy en día, nos produce el apoyo visual, dada su omnipresencia. Al despojarnos de la imagen, podemos paliar y enriquecer el habla de nuestros alumnos para centrarnos en lo que se dice con palabras y sonidos. Esto ayuda a enriquecer su atención plena. Y poder hacer eso es un tesoro como profesores.

Es notoria, además, la poca dedicación curricular hacia la expresión oral en las escuelas e institutos de nuestro país. Si bien es cierto que se han hecho grandes avances en las últimas tres décadas, todavía estamos lejos de la importancia que se les da en países vecinos como Francia e Italia en los cuales todo aprendizaje de contenidos se pone a prueba también de manera oral.

EL PAÍS

SUSCRÍBETE

Educación

ESTUDIOS >

E Desnudos al hablar en público: "Nadie te enseña oratoria, te genera inseguridad y sudores fríos"

El 77,5% de los universitarios en España nunca ha recibido formación para hablar en público en ninguna de las etapas educativas, según un estudio de La Caixa

"

Ser locutor en radio
es mucho más que tratar
de hablar correctamente frente al
micrófono. Hay que tener naturalidad,
pasión, **hay que saber transmitir**
emociones a quien te está escuchando
para que ellos también las
compartan. Un principio que ha
marcado mi forma de entender la radio
desde entonces, y creo que para
siempre.

Francisco Izuzquiza

"

Hoy en día, y debido al auge de los pódcast, se han popularizado una serie de formatos radiofónicos, que siempre han permanecido en la radio tradicional en directo, como pueden ser la entrevista, el boletín informativo o la tertulia radiofónica. Sin embargo, ahora, gracias a las nuevas tecnologías, podemos cortar, editar, grabar en diferido y pegar fragmentos de audios y crear un programa radiofónico con los contenidos de aprendizaje, a modo de *pizarra sonora* que los ayude a comunicarse, aprendiendo y enseñando sin la necesidad de hacerlo en directo. Es sorprendente comprobar el grado de implicación de los alumnos que escriben sus propios guiones sobre los contenidos propuestos y que utilizan sus propias pizarras para ser locutadas. Buscan, ordenan y ensayan las mejores maneras de transmitir lo que están aprendiendo.

Los formatos radiofónicos son los espacios que nos ayudan a situarnos como oyentes ante lo que vamos a escuchar, nos predisponen a una espera. Esta regla siempre se puede saltar, pero consideramos fundamental conocer sus formas y características para después poder innovar sobre ellos.

Teniendo en cuenta las características de este manual de iniciación, hemos considerado dejar para otra ocasión los formatos periodísticos del reportaje, la crónica, la retransmisión deportiva o el debate. Estos presentan una mayor dificultad intelectual y técnica al alumnado, por lo que son más adecuados para cursos superiores de la ESO, Bachillerato o ciclos formativos y universitarios. No obstante, los repasaremos sucintamente a la hora de crear nuestro magacín educativo.

MAGACÍN

Un magacín es un formato radiofónico que combina secciones variadas y dinámicas, caracterizado por un enfoque de entretenimiento. Este formato no sigue una estructura rígida, lo que permite que las secciones cambien y se renueven constantemente, ofreciendo frescura y adaptándose a los intereses del público. Su punto fuerte como herramienta educativa es que engloba diferentes formatos radiofónicos que pueden ser trabajados de manera conjunta (temáticamente, por ejemplo) o de manera aislada como programa independiente en formatos como el reportaje o la entrevista.

A continuación, mencionaremos algunas secciones que pueden ser trabajadas y que están vinculadas al currículo de Primaria y Secundaria.

EDITORIAL

El editorial es un formato que expresa una opinión sobre un tema concreto, habitualmente de actualidad. Se trata, por tanto, de un género de opinión con tres principales peculiaridades: no se firma, no representa la opinión de quien lo escribe, sino de la radio, emisora o cadena que lo emite y tiene que estar en concordancia con la línea editorial del centro. A través de esta sección, orientada a los alumnos más mayores, el alumnado podrá trabajar el análisis crítico. Se aconseja que la duración del mismo no supere los dos minutos.

TERTULIA

La tertulia es un formato de opinión en el que se reúne a varias personas para que compartan sus puntos de vista sobre distintos temas que se van planteando. Lo único que debe estar previamente planificado son las preguntas que guiarán la conversación, ya que se recomienda que las respuestas sean lo más espontáneas posibles, lo que aporta frescura y naturalidad a esta sección.

Gracias a su carácter dinámico, este formato puede aplicarse en cualquier etapa, siempre que los temas abordados se adapten al momento evolutivo de los participantes.

CONCURSO

Es el formato que parte de retos y pone a competir la memoria, el ingenio, la comprensión lógico-matemática y lingüística del estudiante. En los últimos años se ha popularizado el uso de plataformas visuales para aprender con la idea de gamificar el aprendizaje tipo Kahoot®, Quizlet© o Slido©. El interés de nuestro medio sonoro frente al apoyo visual es que, lejos de competir o excluir esas iniciativas, propone al alumno un reto mayor: poder usar tan solo las palabras y la expresión vocal para responder —habiendo estudiado antes—, empleando únicamente la escucha y la atención.

Los concursos de pistas, que también pueden realizarse en otro idioma, captan la atención del oyente y le dan una «vuelta de tuerca» al mismo. La descripción de personas, animales, objetos o lugares puede darnos mucho juego a la hora de enseñar su planteamiento. También los formatos televisivos pueden inspirar la imaginación para adaptar alguno de ellos a un formato radiofónico.

FICCIÓN SONORA

Las palabras leídas golpean, pero lo hacen mucho más fuerte cuando son habladas y escuchadas. El que habla por la radio es el que dirige el ritmo de lectura, el maestro de ceremonias que ha de narrar una historia. La ficción sonora es un espacio privilegiado para poner en práctica la lectura y escucha de las expresiones escritas de los alumnos. Bien sea a través de cuentos, poemas u obras de teatro, la posibilidad del registro sonoro de esta competencia clave ofrece al alumno una gran oportunidad de expresarse por escrito y de forma oral y al profesor una excelente posibilidad de evaluarlo. Se ponen en juego la escritura, la correcta construcción de oraciones, el ritmo, la intencionalidad y la dramatización.

Nuestro consejo es que todos los sonidos sean grabados en directo junto al lector o lectores del cuento para avivar la sensación de directo y evitar que el montaje posterior sea extenuante. Se trata de convertir el estudio en un libro sonoro.

Un aspecto que suele entusiasmar al alumnado es la producción casera de efectos sonoros, una actividad ideal para enriquecer sus historias y darles mayor profundidad. En los anexos, os proporcionamos un enlace con diversas técnicas para crearlos. Por otro lado, también podéis explorar la creación de sonidos ASMR, un fenómeno que ha ganado gran popularidad entre el público joven gracias a las redes sociales. Como ejemplo, os compartimos un contenido diseñado para las redes sociales de uno de nuestros centros. A diferencia de los efectos sonoros caseros, los sonidos ASMR deben ir siempre acompañados de cortes de vídeo que contextualicen y potencien la experiencia sonora.

¿Sabías que...

En el pasado, no existían bancos de recursos sonoros como los que conocemos hoy en día? Por ello, los sonidos que se querían reproducir posteriormente debían ser grabados directamente en el lugar. Uno de los ejemplos más icónicos es el rugido del león de la Metro-Goldwyn-Mayer (MGM), conocido como Leo. Entre 1916 y 1957, se utilizaron hasta siete leones diferentes para capturar este famoso sonido.

REPORTAJE

El género se centra en un monólogo que relata hechos vinculados a un acontecimiento o un personaje. Para captar y mantener la atención de los oyentes, se recomienda complementar la narración con una base sonora adecuada y con declaraciones que refuercen el mensaje. Además, se sugiere que la duración del reportaje no exceda los cuatro minutos, lo que facilita su comprensión y retención. Es fundamental emplear un lenguaje cuidadosamente elaborado. Asimismo, se debe prestar especial atención al estilo de locución, ya que este contribuye significativamente a potenciar el impacto del contenido.

Un espacio dedicado a la difusión de contenidos relacionados con el deporte. Esta sección, sin un esquema rígido preestablecido, ofrece la flexibilidad de abordarlo desde diferentes perspectivas: transmisiones en directo, retransmisiones de partidos, análisis de la jornada, recopilación de las mejores jugadas y declaraciones de jugadores y entrenadores.

NOTICIA

En los medios de comunicación, la noticia se concibe como un hecho novedoso de interés general que se difunde con inmediatez y claridad a través de un lenguaje sencillo.

Al ser claramente un formato de tipo informativo, los datos que recoge deberían ser puramente objetivos y dar a conocer los hechos más relevantes en torno a la noticia y respondiendo a las conocidas «5W» del periodista —y de todo ser humano—: ¿Qué? ¿Cuándo? ¿Dónde? ¿Cómo? y ¿Por qué?

La redacción ha de perseguir la claridad mediante el uso de un lenguaje comprensible para todo tipo de oyente y una estructura gramatical sencilla formada por un sujeto, un predicado y complementos. Las frases han de ser cortas y construirse del modo más directo posible.

Hoy en día, y debido a la proliferación de *Fake News*, cualquiera puede poner a «caminar» una noticia falsa. Por eso y debido a la importancia del tema es importante enseñar a nuestros alumnos a buscar y comparar fuentes adecuadas de información y educarlos en la importancia de la ética y la responsabilidad a la hora de publicar contenido que no sea veraz.

Las noticias pueden tener alcance del centro, local, regional o nacional dependiendo de los contenidos que se aborden y el interés o estrategia por dar a conocer lo que se cuenta. Es decir, una radio escolar graba más programas o audios que los que publica, puesto que es una radio en un aula de aprendizaje y no un medio de comunicación al uso. Es por eso por lo que debemos preservarlo de la presión que supone una publicación profesional y diaria. Lo interesante de trabajar con este formato es que, durante la reunión de redactores, se realiza una lluvia de ideas para que sean los propios alumnos quienes, basándose en sus intereses y propuestas, sugieran los temas que luego se cubrirán en el boletín de noticias.

Cada vez es más habitual observar que nuestros alumnos no están al tanto de las noticias nacionales o internacionales de actualidad. Esto se debe, en gran medida, al cambio en la forma en que sus padres consumen información durante las últimas dos décadas. Antes era común encontrar periódicos en casa o ver juntos el telediario en familia. Sin embargo, hoy en día, los padres suelen informarse a través de Internet y las redes sociales, lo que ha reducido la exposición de los alumnos a este tipo de contenidos y con ello viven en una mayor carencia informativa.

Desde el ámbito escolar, tenemos la responsabilidad de asegurar que nuestros estudiantes estén informados sobre los acontecimientos más relevantes a nivel mundial, nacional y local. Este compromiso también se refleja en el desconocimiento acerca del origen de ciertas festividades, como el Día de la Constitución o el Día del Trabajo. Como señaló el pedagogo brasileño Paulo Freire en su obra *Pedagogía del oprimido*: «La educación es un acto de conocimiento y, por lo tanto, debe ser un acto de liberación. El conocimiento debe estar vinculado a la vida, a la realidad del estudiante, a su contexto social y cultural». En este sentido, es precisamente en este enfoque en el que buscamos incidir, promoviendo una comprensión profunda y contextualizada de nuestra historia y tradiciones.

En este contexto, nuestra tarea es contextualizar y enseñar el verdadero sentido de estas celebraciones, fomentando una comprensión más profunda en los estudiantes. La radio se presenta como una herramienta ideal para cumplir con este propósito porque permite transmitir información de manera accesible, dinámica y atractiva para los más jóvenes.

APLICACIÓN EN RADIO DE AULA

Las noticias se pueden emplear a su vez para enseñar sucesos históricos o contenidos curriculares. El tiempo presente, o pasado inmediato, aporta una tensión muy atractiva para el niño o el adolescente, ya que le ofrece la oportunidad de estar alerta ante algo, al ser un tiempo verbal tan dinámico y directo. Cuando se emplea el verbo "está ocurriendo" a un contenido sucede un hecho apasionante y significativo para el estudiante, tanto que puede llegar a sentir que forma parte de un presente siempre en movimiento. No es lo mismo decir que las tropas napoleónicas entraron en España en 1808 que, en este momento, las tropas de Napoleón están entrando en España y hay un corresponsal que nos lo va a contar.

Ese detenimiento para «escudriñar» la noticia lo convierte en un sujeto que escucha y reacciona, que asimila lo que va a contar para contarlo a otros. Por supuesto, el contenido de esa noticia es lo que el profesor va a ofrecer como noticia para su elaboración y ahí es donde entra la imaginación de cada docente: ¿Es posible dar a conocer el sistema circulatorio en un boletín informativo? ¿Se pueden aprender sucesos históricos? ¿Cómo se hace el guion de algo así? ¿Cómo se cuenta eso? ¿Le ponemos música?

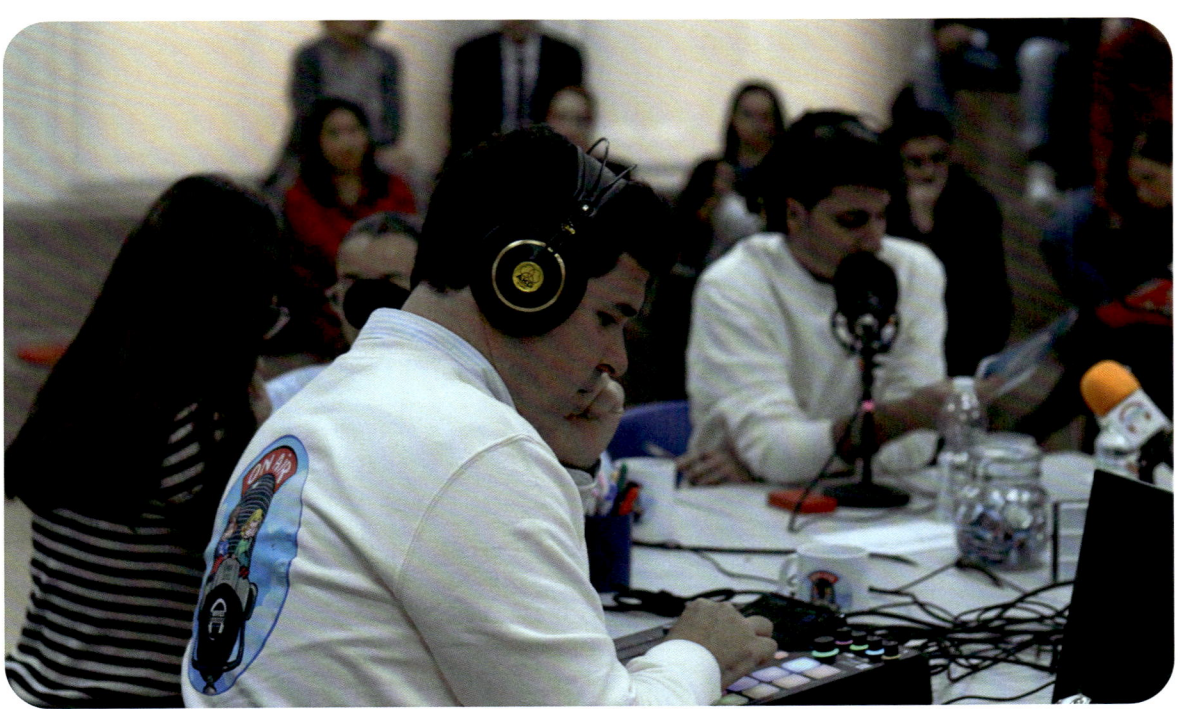

A continuación, os presentamos una plantilla que facilitará al alumnado mantener una estructura uniforme al redactar cada noticia.

NOTICIA	Los seres humanos podremos vivir en Marte.
¿QUÉ?	La NASA ha encontrado agua líquida en Marte.
¿CUÁNDO?	12 de agosto de 2024.
¿DÓNDE?	En la corteza terrestre del planeta.
¿CÓMO?	EL descubrimiento procede de un análisis de los datos de la sonda Mars Insight Lander que aterrizó en Marte en 2018 y que ha permanecido allí hasta el 2022, tiempo que ha sido empleado para analizar la corteza terrestre del planeta rojo.
¿POR QUÉ?	Para comprobar si Marte podría ser un planeta habitable para la raza humana y poder desarrollar allí futuras colonias de humanos.
TOTAL	Un «total» es una declaración emitida por una persona autorizada o relevante que complementa, enriquece y respalda la información de una noticia y que aporta mayor credibilidad y contexto. En este caso, podría ser la voz de un científico del proyecto.
RECURSOS SONOROS	Música de noticiario, sonido ambiente, transiciones entre noticias…

ENTREVISTA

La entrevista es un género radiofónico que consiste en formular preguntas a una o varias personas con el objetivo de informar y entretener a los oyentes a través de sus respuestas.

Toda entrevista debe partir de un interés concreto hacia el entrevistado, ya sea por su trayectoria profesional, su relación con el centro, o su vínculo con algún tema de actualidad.

DOCUMENTACIÓN PREVIA

Es fundamental conocer bien al entrevistado antes de realizar la entrevista. Comienza recopilando datos biográficos a través de distintas fuentes:

- **INTERNET Y REDES SOCIALES**

Información actualizada y datos personales compartidos por el personaje.

- **PRENSA ESCRITA Y OTRAS ENTREVISTAS**

Detalles sobre su trayectoria y declaraciones anteriores.

- **FUENTES PRIMARIAS**

Entrevistas a personas cercanas al invitado, como amigos, familiares o colegas, para obtener anécdotas únicas o aspectos poco conocidos.

ORGANIZACIÓN DE LA INFORMACIÓN

Decide junto con tus alumnos qué aspectos serán el foco de la entrevista y a través de una lluvia de ideas reúne preguntas sugeridas por los alumnos y enséñalos a redactarlas para que sean claras, originales y relevantes.

CONSEJOS PARA UNA ENTREVISTA EXITOSA

● SORPRENDER AL INVITADO

Si el entrevistado está habituado a conceder entrevistas, sorpréndelo con algo único, como una declaración de alguien cercano (compañero, familiar, seguidor, amigo de la infancia). Este recurso hará que la experiencia sea inolvidable tanto para el invitado como para los oyentes.

● ESCUCHA ACTIVA Y CONTACTO VISUAL

Enseña a los alumnos a prestar atención a las respuestas del invitado. Muchas veces estarán más preocupados por la siguiente pregunta y podrían perder detalles importantes o repetir temas ya tratados.

PLANTILLA

La plantilla que presentamos a continuación servirá como guía para que los alumnos comprendan y estructuren con claridad la entrevista que están preparando.

INVITADO	Nombre y apellidos
INTRODUCCIÓN	Crea intriga en los oyentes presentando datos generales del invitado, sin revelar demasiado al inicio.
BIOGRAFÍA	Expón los datos recopilados, destacando aspectos clave de su trayectoria, acompañados de una base musical que haga el momento más cálido y mágico.
ENTREVISTA	Una batería de preguntas elaboradas por los alumnos. Puedes incluir preguntas de otros miembros de la comunidad educativa (profesores, familias, personal del centro). En esta sección, es mejor prescindir de la base musical para dar protagonismo a las respuestas del invitado.
PARTE MÁS DESENFADADA	Introducid una dinámica más distendida, como juegos, pruebas o un test de preguntas rápidas y divertidas para cerrar con un toque ameno.
DESPEDIDA	Agradeced al invitado su participación y cerrad la entrevista con una canción o pieza musical que sepáis que le gusta. Este detalle aportará un toque personal y pondrá un «broche de oro» al encuentro.

Con esta planificación, tus alumnos aprenderán a crear entrevistas atractivas y profesionales mientras desarrollan habilidades como la investigación, la escucha activa y la creatividad.

Sugerencia:

El formato de la entrevista puede integrarse dentro de un magacín o presentarse como un espacio independiente, dependiendo de las necesidades, objetivos y tiempo del programa. Si se opta por un espacio independiente, se recomienda que la entrevista no exceda los 25 minutos para mantener la atención de la audiencia. En cambio, si forma parte de un magacín, su duración ideal sería de unos 5 minutos, garantizando un ritmo dinámico dentro del conjunto del programa.

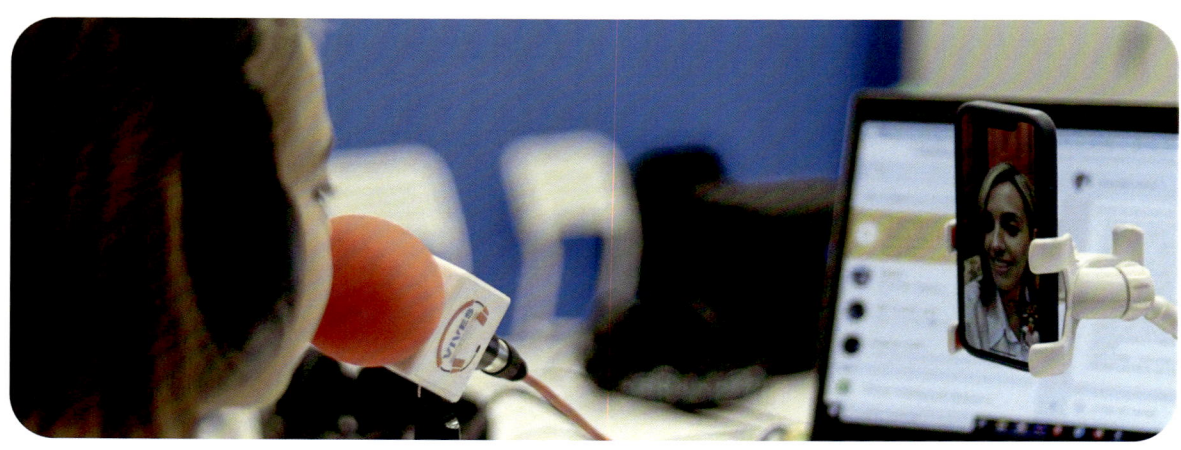

DESPACITO
Y BUENA LETRA

ANTES DE GRABAR

Una vez realizada una primera lluvia de ideas con los alumnos sobre las distintas secciones que compondrán nuestro magacín y asignada cada sección a un grupo, podemos comenzar a preparar la actividad. Es esencial que el docente explique y proporcione información clara y detallada sobre cada formato, asegurándose de que los alumnos puedan seguir las instrucciones con facilidad.

Como hemos señalado anteriormente, recomendamos diseñar una plantilla específica para cada formato o sección. Esto permitirá que el alumnado identifique claramente la estructura que debe seguir al diseñar su sección. Es importante recordar que, en esta etapa educativa, el trabajo aún debe estar cuidadosamente guiado y estructurado.

Sugerencia:

Para trabajar un buen guion, el alumno ha tenido previamente que leer, extraer información, compararla con otras fuentes y redactarla.

Como profesores en activo en pleno siglo XXI, no podemos perder la oportunidad de educar al alumnado en la búsqueda de fuentes fiables, por ello la comparación resulta fundamental para que aprenda a distinguir lo verdadero de lo falso.

ASIGNAR ROLES

Es muy probable que trabajes con grupos de alumnos. Por ese motivo, una vez formados los equipos, es recomendable asignar un rol específico a cada integrante y que a lo largo del curso puedan ir pasando por todos los roles. En una radio, los imprescindibles son los siguientes:

- **LOCUTOR:** Es quien verbaliza la información que se transmite ante un micrófono. Pueden ser uno o varios alumnos dependiendo del formato y de la actividad. La competencia asociada a este rol es principalmente la comunicación lingüística y la denominada *aprender a aprender.*

- **GUIONISTA**: es responsable de redactar la información con claridad, coherencia y adaptándola al contexto del tema tratado. Posteriormente, el docente apoyará a los guionistas para que esa información se transforme en un lenguaje más adecuado para el formato radiofónico. A través de esta actividad, el alumno desarrolla habilidades como la expresión escrita, la capacidad de síntesis y la comprensión lectora.

- **TÉCNICO DE CONTROL:** es el responsable de que la grabación se lleve a cabo correctamente. Ha de estar pendiente de todos los participantes y es quien manda durante la grabación a modo de director de orquesta. Desarrolla sobre todo la competencia digital-tecnológica y la correspondiente a la autonomía e iniciativa personal.

- **EDITOR:** una vez realizada la grabación es el encargado de unir, pegar, quitar y enfatizar las pistas de audio, eliminando las posibles imperfecciones que hayan surgido durante la grabación.

Una vez realizado este trabajo llega el momento de ir completando la escaleta final del programa.

PAUTA

La pauta —o escaleta— es una herramienta clave para estructurar de manera ordenada las diferentes secciones de un programa de radio para facilitar su realización posterior. Una escaleta bien diseñada proporciona una visión global del proyecto, ayuda a que cada participante sepa en qué debe concentrarse y reduce de forma significativa el tiempo dedicado a la postproducción.

Aunque al principio pueda parecer un proceso tedioso, con el tiempo comprobaréis que su uso enriquece y simplifica la experiencia de creación.

Existen muchos modelos de escaleta, y cada profesional debe encontrar el que mejor se adapte a sus necesidades. En este caso, os recomendamos el modelo que Francisco Izuzquiza presenta en su libro *El gran cuaderno del podcasting*.

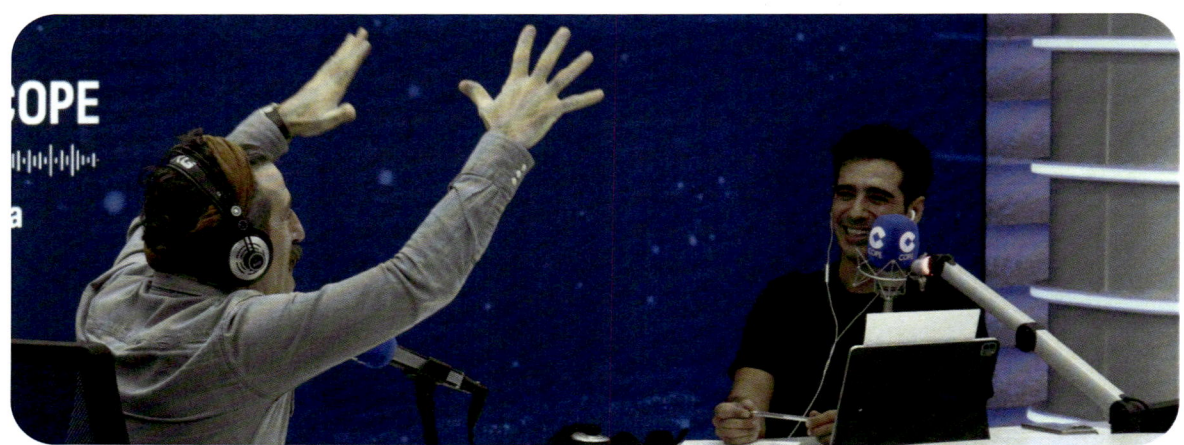

ESCALETA
CIERRE DE ENTREVISTA

ENTREVISTA A FEDE CARDELÚS
Viernes, 26 de abril de 2024 | Estudios de Vives la Radio

CONTROL	A PRIMER PLANO A P P.	A FONDO A F.	RESUELVE
Técnico de la mesa	A primer plano	A fondo	Quitarla

- **CIERRE**

CONTROL: 07 RIVER FLOWS IN YOU A.P.P / A F.

Isabel: Querido Fede, cuánto hemos disfrutado de este encuentro y qué agradecidos nos vamos de tu visita. Tus respuestas, tu alegría, tu atención han llenado el estudio en esta mañana. Ni que decir tiene que esta es tu casa y que puedes volver cuando quieras.

Sin otro particular, acaba aquí la entrevista con el presentador Fede Cardelús desde los estudios de Vives la Radio, Fede GRACIAS y radioyentes… que las ondas te…

CONTROL: RESUELVE 07 RIVER FLOWS IN YOU

CONTROL: 08 QUIÉN ME HA ROBADO EL MES DE ABRIL A.P.P

Antonio: Como creo que comparto contigo que la aventura del saber es maravillosa, siempre nuestra acabar las entrevistas regalando a los invitados una canción de cierre. Sabemos que un cantante que te flipa es el mítico cantautor Joaquín Sabina y se da la coincidencia de que uno de sus temas nos viene como anillo al dedo por estar celebrado esta entrevista a pocos días de que finalice el mes de abril. Les dejamos con el temazo 'Quién me ha robado el mes de abril'.

CONTROL: RESUELVE 08 QUIÉN ME HA ROBADO EL MES DE ABRIL

CONTROL: 09 VIVES LA RADIO Y RISAS

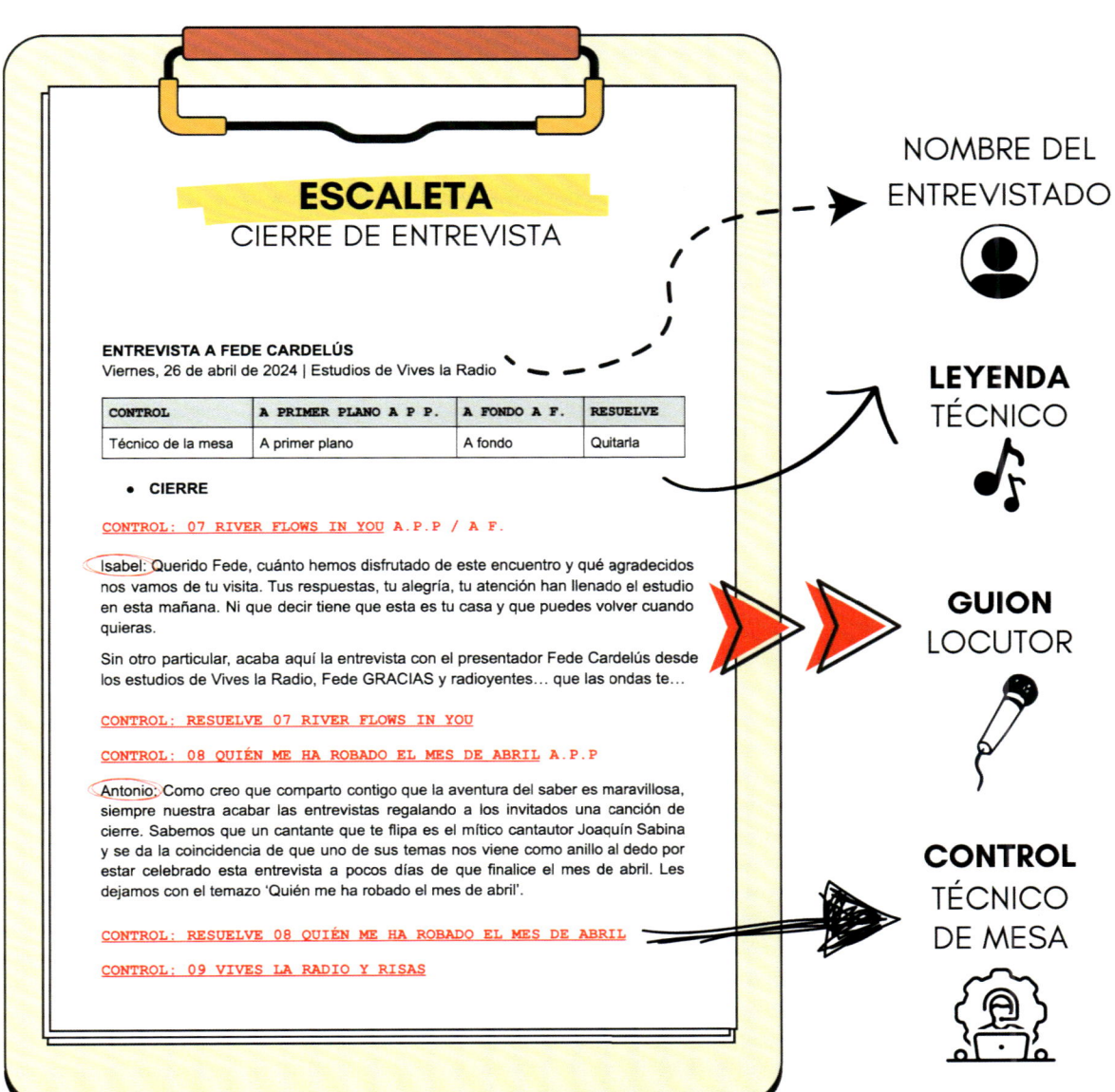

NOMBRE DEL ENTREVISTADO

LEYENDA TÉCNICO

GUION LOCUTOR

CONTROL TÉCNICO DE MESA

PRUEBA DE GUION

Consideramos muy recomendable realizar con tu alumnado una prueba de guion para que puedan familiarizarse con él y superar posibles miedos o inseguridades. Este procedimiento, conocido en el ámbito teatral, así como en el cine y la televisión, como «mesa italiana», consiste en una lectura conjunta del guion con todos los participantes de la grabación. Su objetivo principal es facilitar que cada persona realice anotaciones previas, como enfatizar ciertas partes, trabajar los silencios o subrayar palabras que puedan ser difíciles de pronunciar con fluidez.

Además de ayudar al alumnado a ganar confianza, este ejercicio contribuye a que el producto final sea más pulido y de mayor calidad para los oyentes.

AUTORIZACIONES

Cada centro educativo dispone de un documento en el que las familias otorgan o no su consentimiento para la grabación de la voz de sus hijos. Es fundamental tratar este tema con extremo rigor, puesto que, según la normativa de protección de datos vigente, tanto la imagen como la voz de un menor no pueden ser utilizadas sin la autorización previa de sus progenitores o tutores legales.

Aunque existen numerosos modelos de referencia, recomendamos que cada centro elabore su propio documento adaptado a sus necesidades específicas. Al redactarlo, se deben considerar los siguientes aspectos:

- **OBJETO DE LA AUTORIZACIÓN Y FINALIDAD:** especificar claramente para qué se solicita la autorización y cómo se utilizarán las grabaciones.

- **MODOS DE DIFUSIÓN:** indicar de forma detallada los canales en los que se publicarán las grabaciones (web, redes sociales, materiales internos, etc.).

- **TIEMPO DE VIGENCIA:** determinar y mencionar el periodo durante el cual la autorización será válida.

- **DERECHOS DEL USUARIO:** incluir una sección sobre los derechos de acceso, rectificación, cancelación y oposición de los datos, conforme a la normativa vigente.

- **RESPONSABLE DE LA CUSTODIA DE LOS DOCUMENTOS:** identificar al responsable y proporcionar su dirección para facilitar la gestión de los datos y consultas relacionadas.

- **USO EN REDES SOCIALES:** si las grabaciones o fotografías serán difundidas en redes sociales, se debe especificar en el documento cuáles se emplearán.

En dicha autorización, es fundamental brindar a los padres la posibilidad de decidir específicamente a qué aspectos desean o no dar su consentimiento. Para facilitar este proceso, se recomienda que la autorización esté diseñada con un sistema de casillas de verificación que puedan marcar según su elección. Asimismo, es imprescindible que el documento esté firmado por la persona que autoriza.

DERECHOS DE AUTOR

Un tema especialmente delicado es el de los derechos de autor en las canciones. En este ámbito, ya existen comunidades como Extremadura que cuentan con protección mediante licencias específicas, como la SGAERR-DD/4/1360/0120 de la SGAE, lo que permite el uso de música con derechos de autor siempre que se cite correctamente la autoría. Sin embargo, esta situación no es común en muchas otras comunidades, por ende, resulta crucial considerar algunos aspectos clave.

Pablo Olóndriz, fundador de LEGIS MUSIC, señala que uno de los factores que legitiman el uso de música con derechos de autor es el siguiente:

☺ LEGIS MUSIC

Escrito por Pablo Olóndriz

Sobre Derechos de Autor

¿Cuántos segundos puedo usar música con derechos de autor?

La regla (falsa) de los 30 segundos

Aunque no existe una "regla de los 30 segundos" universalmente aceptada en la ley de derechos de autor, en algunos casos se ha considerado que el uso de fragmentos cortos de música se ajusta al concepto de uso legítimo.

El propósito y el carácter del uso, incluido si dicho uso es de naturaleza comercial o si tiene fines educativos sin ánimo de lucro. Los tribunales se suelen centrar en si el uso es "transformativo", es decir, si añade una nueva expresión o un nuevo significado al original o si simplemente lo copia.

Aunque este criterio tiene una sólida base, lo más recomendable sigue siendo optar por música libre de derechos en la medida de lo posible.

DURANTE LA GRABACIÓN

Cuando el alumno se pone frente al micrófono o comienza a escuchar su voz a través de los auriculares está viviendo una experiencia novedosa. No es común que los seres humanos nos escuchemos en directo mientras hablamos. Esa experiencia del retorno produce miedo e inseguridad porque escuchan una voz nueva: la suya propia. Por eso, practicando la expresión oral con juegos y ejercicios conseguimos dos objetivos a la vez: mejorar la precisión, tonalidad y textura de la voz de nuestros alumnos y a la vez les aportamos un clima de bienestar y sin tensión con el objetivo de evitar el miedo, los nervios y la vergüenza propia de niños y adolescentes. De este modo focalizan su atención en una acción muy concreta y aparentemente absurda para ellos.

CALENTAR LA VOZ

La voz, como todo instrumento musical, debe ser calentada antes de ponerla a grabar. Nuestras cuerdas vocales deben estar preparadas y se lo hemos de hacer saber a nuestros alumnos. ¿Cómo?

● **OCHOS HORIZONTALES:** como el símbolo de infinito, con la punta de la lengua sobre el interior de nuestra boca durante treinta segundos. Esto contribuye a estirar y movilizar la boca para disponerse a hablar. Centra la atención en cada uno de los gestos que hacemos cuando hablamos. Se ha de llevar a cabo sin excesiva fuerza ni dolor: es un masaje y ayuda a relajar las tensiones inconscientes del rostro y de los resonadores.

- **HACER TRINOS DE LABIOS:** es uno de los ejercicios más comunes entre cantantes, actores y locutores para calentar las cuerdas vocales. Consiste en soplar vibrando los labios como si estuvieses debajo del agua. Producirá un ruido como de motor de coche antiguo ('brrrrrrrrrrr'). No se deben usar las cuerdas vocales. El aire ha de salir desde el diafragma y no desde los pulmones. Repite este ejercicio diez veces.

DRAMATIZACIÓN

Expresa los siguientes ruidos a tres niveles de volumen diferentes, exagerando y probando al 25%, al 50% y al 100%. Adecuada para leer cuentos, poemas o dramas: mosquitos, llanto desgarrador, desmayo, carcajada del malo o brujo, risa suave, goooool, asombro ¡Ohhhh!, moquera, pedir silencio, gritar a alguien que ha hecho algo malo ¡eh!, máximo aburrimiento, huele mal.

MÍMICA RADIOFÓNICA

Es común en la radio emplear la mímica como herramienta de comunicación entre los diferentes miembros del equipo. La mímica radiofónica consiste en el uso de señales no verbales y gestos para coordinar acciones de manera eficaz, sin interrumpir la transmisión en vivo. Dado que la fluidez y claridad en la emisión son esenciales en el ámbito radiofónico, contar con un sistema de comunicación que no interfiera con el contenido audible para la audiencia es fundamental.

A continuación, te mostramos diez símbolos usados habitualmente para comunicarse entre locutor y técnico de sonido.

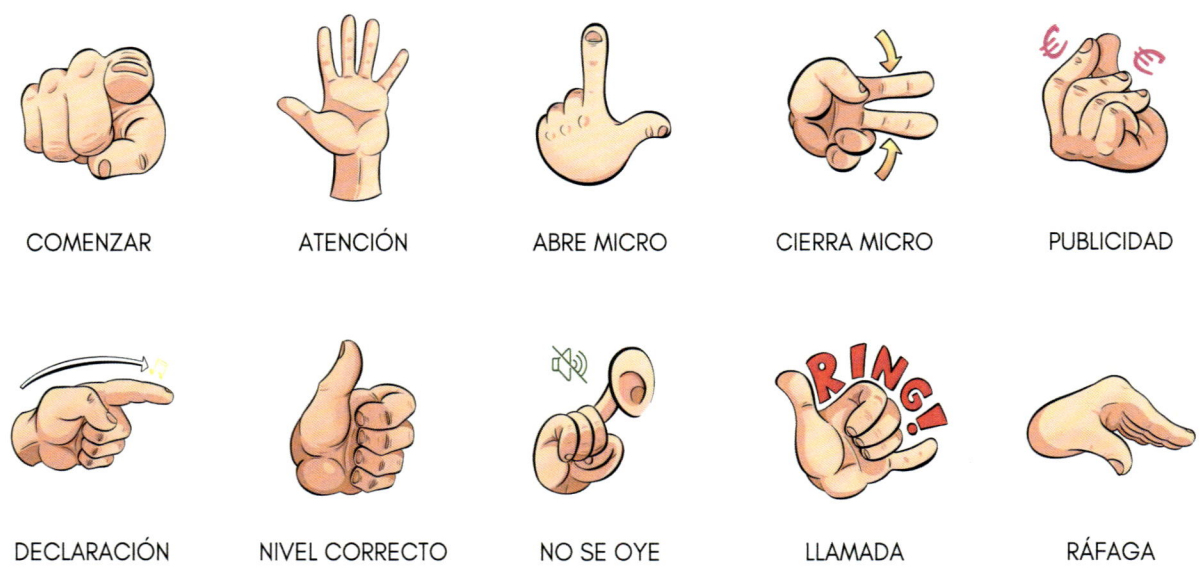

COMENZAR ATENCIÓN ABRE MICRO CIERRA MICRO PUBLICIDAD

DECLARACIÓN NIVEL CORRECTO NO SE OYE LLAMADA RÁFAGA

Siempre os recomendamos trabajar bien el guion para evitar situaciones imprevisibles, aunque a pesar de este consejo, la radio está llena de situaciones a aprovechar y que no siempre están reflejadas en el guion. A este respecto os dejamos con una bellísima cita que leímos en el libro «La radio puesta» del periodista Javier Montes que reza así:

"La cuestión fundamental respecto a la naturaleza de la radio y lo que nos pasa al oírla: cuando ponemos la radio no sabemos lo que nos espera. Al encenderla abrimos una de esas espitas por las que entran el azar y la sorpresa en nuestras vidas regladas. «Solo es hermoso lo que no nos esperamos», canta Tom Zé; «Toda la alegría del mundo reside en lo inesperado», dice Jean d'Ormesson".

Javier Montes

Los alumnos deben mantener una distancia adecuada respecto al micrófono, dependiendo del tipo que sea su patrón polar: los hay unidireccionales que captan solamente una dirección desde la que se emite la voz, omnidireccionales que capan un círculo de mayor o menor dimensión alrededor del micrófono y los micrófonos cardiodes y supercardioides, que captan la forma de un corazón entre el locutor y el micrófono, entre ellos. En función de esta cualidad, la disposición ante el micrófono será diferente. Lo habitual es que haya una distancia de entre 5 y 10 cm entre la boca del locutor y el micrófono.

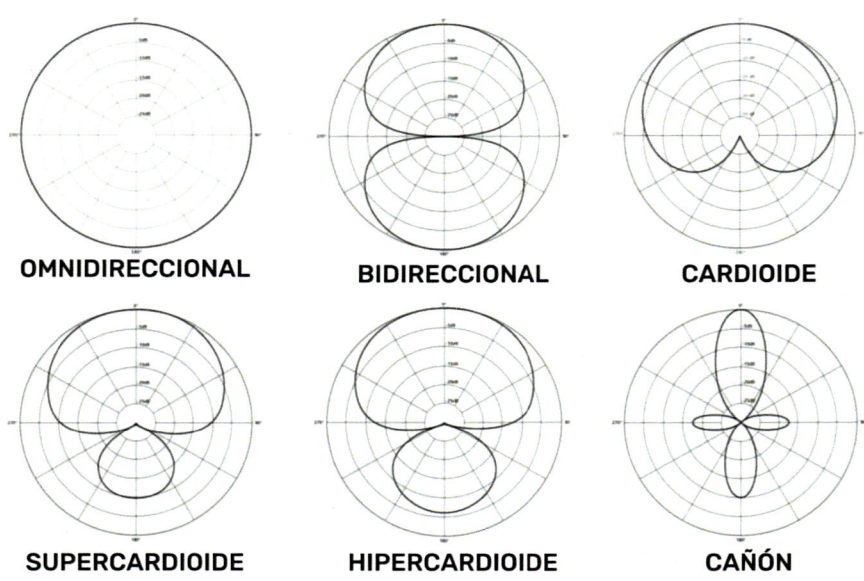

OMNIDIRECCIONAL BIDIRECCIONAL CARDIOIDE

SUPERCARDIOIDE HIPERCARDIOIDE CAÑÓN

En muchas ocasiones un simple giro de la cabeza para hablar con el compañero de al lado produce una desviación del volumen en la grabación. Por eso, es recomendable enseñarles a hablar siempre al micrófono y mostrarles las diferencias que hay con el habla de la vida real donde te puedes girar sin ningún problema para hablar con alguien.

Es muy importante que en el estudio o frente al micrófono, el alumno sea consciente de los ruidos que puede producir de manera involuntaria, como pueden ser dar golpecitos en la mesa, escribir una frase o una palabra que se les ha olvidado. Por ello, es recomendable que mantengan las manos debajo de la mesa una vez colocado el guion frente a su mirada.

Dependiendo de la edad que tengan los alumnos, se les puede enseñar la respiración diafragmática, también llamada respiración abdominal, que es la técnica que produce una respiración consciente y que consiste en llenar el estómago de aire e ir regulando su salida con el diafragma, el músculo que se encuentra en el centro del pecho justo debajo de las costillas. De esta manera, se aprende a no desgastar la garganta y a evitar quedarse sin aire al hablar.

A pesar de todos estos consejos y advertencias, la tarea del profesor durante la grabación ha de consistir en mostrarles un modo de habla, corregirles cuando sea necesario y, sobre todo, contribuir a crear un clima de aprendizaje, tranquilo y sin tensiones, sin olvidar que los locutores son ellos y no nosotros, los profesores.

Y respecto a esta tarea, también es fundamental la tranquilidad que puede aportar el alumno que desempeñe el rol de técnico de sonido, que es el encargado de conocer la escaleta y responsabilizarse de todo lo que está puesto en ella.

DESPUÉS DE GRABAR

Una vez terminada la grabación, te vas a encontrar con un grupo de pistas de audio en el ordenador a las que hay que dotar de unidad y sentido. Al principio, esta tarea es fundamental que la realice el docente para que pueda comprobar su dificultad y después poder asignarla a un alumno. Vamos a ver en qué consiste la acción de editar.

EDICIÓN

Cuanto mejor hayamos dado los pasos previos durante el proceso, menor será el trabajo añadido a este punto. Durante la grabación, la voz humana se convierte de analógica en digital que se transforma en un conjunto de ondas sonoras que puedes visualizar en un programa de edición. A estas pistas se les llama pistas «en bruto». Podrás tener una sola pista de voz o muchas, dependiendo de las capas sonoras que decidas agregar. Una vez escuchadas, podrás decidir si le quitas ruido a la pista, sonido ambiente molesto, tartamudeos o muletillas, susurros o palabras inapropiadas que surgieron durante la grabación.

Todos los programas de edición te ofrecen una amplia variedad de posibilidades para convertir tu pista en bruto en una pista editada a la perfección. Nosotros, como ya hemos comentado anteriormente, consideramos *Audacity* el programa más adecuado para esta labor, debido a su facilidad, gratuidad y compatibilidad entre sistemas operativos. Tanto este como el resto de programas de edición de audio, permiten de una manera sencilla cortar, editar, insertar audios y efectos o ecualizarlos. Es importante que el editor tenga una visión global de la grabación para que sea capaz de transformar el orden propuesto de la escaleta en el programa que se ha de producir.

Una vez que la pista de voz está terminada es momento de colocar una melodía que sirva de base. Es importante adecuar esta base sonora a los temas tratados intentando siempre que ni resulte muy obvio ni muy original. Este equilibrio se adquiere a través de la práctica y verás grandes avances progresivamente según practiques. Según el formato, la música de fondo podrá estar más o menos presente durante la locución, siempre en tensión frente a la posibilidad del silencio y la palabra desnuda. Lo ideal es que la música de fondo no contenga letra para evitar la confusión con las voces que locutan.

Otro tipo de pistas que podrás incorporar a la edición, son los efectos de sonido: desde ilustrar sonoramente un aspecto de un relato, hacer sonar señales acústicas desde aplausos, bocinas, voces o introducir guiños sonoros de cualquier tipo que aludan al contenido narrado.

Estos sonidos pueden extraerse de bibliotecas de sonidos, como el banco de recursos del INTEF (Procomun), o generarse en directo mediante la creación de efectos de sala, conocidos en el ámbito anglosajón como efectos Foley.

Una vez que has unido todas las pistas, el resultado será tu audio final en una sola pista de audio. Te recomendamos que lo escuches con atención para comprobar que el volumen está normalizado, es decir, que su nivel de audio es homogéneo y no hay sobresaltos en la potencia acústica con la que se escucha.

PLATAFORMAS

La primera decisión que debes tomar junto con el equipo directivo es elegir el soporte o plataforma adecuada para alojar los contenidos. En este sentido, es fundamental actuar con prudencia y optar por una plataforma que garantice una experiencia libre de interrupciones publicitarias para los alumnos. Muchas comunidades han creado sitios web dedicados a albergar contenidos multimedia, asegurando así una navegación segura.

Algunos centros han optado por plataformas más comerciales como iVoox o Spotify para subir sus contenidos. Aunque es cierto que estas plataformas ofrecen una estética atractiva, una navegación fluida y una gran visibilidad, es importante leer detenidamente sus cláusulas y condiciones antes de utilizarlas.

Una vez que subáis un audio, os animamos a cuidar su presentación: elegir una carátula llamativa, un título atractivo y una descripción adecuada. Además, algo especialmente útil es incluir un minutado del programa, ya que esto facilita a alumnos, colegas y familias acceder directamente a los contenidos específicos que les interesan. Como decía el psicólogo austríaco Paul Watzlawick: «No se puede no comunicar». Sin embargo, la carga burocrática y la falta de tiempo suelen llevarnos a descuidar este paso, lo que, lamentablemente, puede hacer que el contenido pase desapercibido.

TÍTULO: Especial DANA de Valencia.

Sinopsis:

Desde Vives la Radio hemos preparado un programa especial con el objetivo de aclarar lo sucedido en la Comunidad Valenciana y sensibilizar a nuestros alumnos sobre las implicaciones de una catástrofe como esta. Para ello, hemos contado con la participación de tres invitados, entre ellos, dos antiguos alumnos, quienes están colaborando y trabajando de distintas maneras en respuesta a esta situación.

MINUTAJE DEL PROGRAMA

00:06 Entradilla.

01:34 Entrevista a alumni 1.

03:35 Entrevista a alumni 2

07:50 Entrevista a periodista.

25:38 Cierre.

DISTRIBUCIÓN

Es en este punto donde en muchas ocasiones se descuida o se desconoce su adecuada distribución y todo el trabajo realizado puede quedar deslucido. Independientemente de la opción que elijáis, os recomendamos distribuir los contenidos en los siguientes canales:

- **BOLETÍN:** es fundamental informar e invitar a las familias a escuchar el programa realizado. Para lograrlo, recomendamos enviar un correo electrónico con la información relevante o elaborar un boletín informativo en el que se detallen las distintas secciones que lo componen. De esta manera, se facilita el acceso y la comprensión del contenido a la vez que se fomenta su participación activa.

- **WEB DEL CENTRO:** es esencial contar con una sección dedicada al proyecto de radio, donde se explique qué es y cómo funciona. Además, se deben poner a disposición de los usuarios los diferentes productos radiofónicos producidos hasta el momento. Sería recomendable incluir un *banner* en la página principal de la web que redirija fácilmente a esta sección con el fin de mejorar el acceso.

- **REDES SOCIALES:** su uso es muy recomendable para motivar a los oyentes a interactuar y generar curiosidad por el contenido. Una estrategia eficaz es compartir pequeños adelantos del material grabado, los cuales despiertan el interés de seguir escuchando. Es crucial mantener una estética coherente con la identidad de la radio mediante la utilización de una paleta de colores adecuada, tipografías consistentes y fotografías de alta calidad.

- **FOTO Y VÍDEO:** recomendamos que, a lo largo de todo el proceso, realicéis fotos y vídeos. Este material será fundamental para optimizar la calidad de la distribución, incrementar las posibilidades de difusión y crear un archivo visual de vuestro proyecto. Por ejemplo, si invitáis a algún invitado a la radio, es recomendable grabar también la entrevista en vídeo, de manera que podáis aprovechar fragmentos de la misma en otras plataformas.

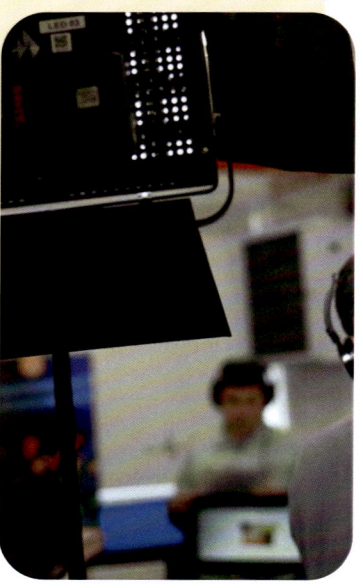

TRABAJO EN EL AULA

El trabajo posterior en el aula es primordial y es tarea de cada docente elegir la mejor estrategia para abordarlo con su grupo. Es clave destacar que los contenidos grabados se convierten en una excelente herramienta para fomentar la escucha activa de los alumnos y mejorar sus habilidades para tomar apuntes o reflexionar sobre el contenido expuesto. Como ya hemos visto a lo largo del manual los formatos radiofónicos pueden emplearse para desarrollar todas las competencias clave del currículo. Sea en Primaria o en Secundaria, como profesores podemos adecuar lo que queremos que aprendan los alumnos de las estructuras de nuestros programas radiofónicos, desde los contenidos más básicos como son los rudimentos de las palabras y su escritura, a los más complejos, como escribir para estudiar cualquier materia. Este método de estudio que incluye apuntes escritos y apuntes sonoros resulta más eficaz y activo que el estudio que comienza en la escucha y termina únicamente en un examen escrito, puesto que pone en juego más habilidades cognitivas.

Somos conscientes de las dificultades que un método nuevo de estudio, basado en la escucha y la atención, puede acarrear a los estudiantes. Por esa razón, os recomendamos que el aprendizaje sea paulatino. Quizá no sea una buena idea ponerlos a escuchar su programa de media hora, pero sí hacerles escuchar un fragmento determinado del mismo para que vayan adquiriendo el hábito de escucha de sus producciones.

EVALUACIÓN Y AUTOEVALUACIÓN

Como profesores somos conscientes de la falta de tiempo que muchas veces sufrimos durante la evaluación. No pretendemos que evaluar actividades de radio suponga un añadido, sino un complemento.

El recurso más eficaz para evaluar a un alumno es el uso de rúbricas que contengan los aspectos que el profesor quiere evaluar. Y esto depende de cada uno de vosotros. Os aconsejamos que sean rúbricas breves que contengan al menos los siguientes aspectos: el guion y su corrección, el vocabulario empleado, el volumen y la interpretación frente al micrófono y la colaboración con el resto de compañeros.

Además, resulta muy motivador para el alumnado la posibilidad de autoevaluarse escuchando su propio audio y percatarse de las virtudes y errores de su grabación. Para ello se le puede proponer un breve formulario individualizado que dé cuenta de los aspectos mencionados en la rúbrica del profesor. A modo de ejemplo, os proponemos el test de autoevaluación que podéis consultar en el código QR.

ANEXOS

VOCABULARIO RADIOFÓNICO

La radio cuenta con una terminología propia que es esencial para que los alumnos aprendan de forma progresiva a familiarizarse con este medio. Por ello, hemos seleccionado diez términos fundamentales que consideramos clave en estas primeras etapas de aprendizaje. La mejor forma de asimilar estos conceptos es trabajándolos directamente dentro del proceso de creación radiofónica.

- **CONTROL:** persona responsable de la mesa de control. Sus funciones incluyen equilibrar los micrófonos, lanzar las pistas sonoras, dar indicaciones a los locutores y grabar las piezas.

- **CORTES:** declaraciones grabadas de personajes o colaboradores que se emplean para reafirmar y contextualizar las noticias.

- **CARETA DEL PROGRAMA:** combinación del indicativo con la sintonía del programa, es decir, el elemento verbal y musical que identifica a un programa o emisora de radio.

- **CORTINILLA:** pieza sonora de aproximadamente 15 segundos que sirve para separar diferentes secciones de un programa.

- **RÁFAGA:** frase musical extraída de la sintonía principal, utilizada como separador dentro de un mismo bloque temático. Su duración es de unos 5 segundos.

- **DECLARACIONES:** expresiones orales de protagonistas o personas destacadas en distintos ámbitos que abordan temas de interés general.

- **ENTRADILLA:** introducción breve en la que el locutor presenta el programa o la sección que sigue, con el objetivo de captar la atención del oyente.

- **FALSO DIRECTO:** programas o piezas que, aunque parecen emitidos en directo, han sido grabados previamente.

- **IMPRESIONES:** expresiones orales que reflejan las opiniones o puntos de vista de alguien sobre determinados hechos.

- **PITOS:** señales horarias emitidas desde el control, que indican la hora en punto o media hora.

Estos conceptos son fundamentales para construir una base sólida en el ámbito de la radio. Al aplicarlos en la creación de contenidos, los estudiantes podrán asimilarlos de manera más efectiva. Con este propósito, hemos diseñado una baraja didáctica que aborda términos radiofónicos, la cual será utilizada como herramienta educativa para trabajar con nuestro alumnado.

VISITAS EDUCATIVAS

Las visitas educativas a emisoras de radio, tanto locales como nacionales, constituyen una oportunidad excelente para enriquecer y contextualizar vuestro proyecto de radio escolar. Estas experiencias permiten a los estudiantes sumergirse en el mundo de la radio y obtener una comprensión práctica de su funcionamiento interno. Durante estas visitas, los escolares tienen la posibilidad de observar de primera mano cómo se organiza una emisora, conocer los equipos técnicos y descubrir los procesos que transforman las ideas en programas radiofónicos. Además, pueden interactuar con profesionales de diferentes perfiles, como locutores, productores, técnicos de sonido y guionistas, quienes comparten sus conocimientos y experiencias, inspirando y motivando a los visitantes más pequeños. Este tipo de actividades no solo amplían el horizonte de aprendizaje, sino que también fomentan el interés por el medio radial y potencian habilidades comunicativas, de trabajo en equipo y creatividad.

CONCURSOS

A lo largo del curso escolar, y tras el auge de la radio escolar en los últimos años, surgen diversas convocatorias de concursos en las que se puede participar. A nivel regional, comunidades como Pontevedra, Canarias o Madrid, están promoviendo este tipo de iniciativas. A nivel nacional, destacan concursos consolidados con varias ediciones, como:

- **PREMIO GONZALO ESTEFANÍA DE RADIO ESCOLAR,** convocado por la Fundación COPE.

- **CONCURSO DE PÓDCAST ESCOLAR Y UNIVERSITARIO,** organizado por RTVE Audio.

Os animamos a participar en ellos. Nosotros lo hacemos cada año y la experiencia es muy gratificante, tanto para alumnos como para profesores.

WEBS, LIBROS Y APLICACIONES DE INTERÉS

En la era tecnológica actual, es fundamental educar y guiar a nuestros alumnos para que aprendan a relacionarse de manera adecuada con las herramientas tecnológicas que surgen cada día. Para apoyarte en este desafío, te presentamos una selección de recursos y *webs* que pueden enriquecer tu proyecto de radio escolar.

RECURSOS EDUCATIVOS:

- **GORKA ZUMETA**

  Mantente al día sobre las últimas tendencias en radio, análisis del Estudio General de Medios, nuevos fichajes y mucho más en la *web* de Gorka Zumeta, un referente en el mundo de la radio.

● FUNDACIÓN ATRESMEDIA

La Fundación Atresmedia ofrece una plataforma con más de 120 vídeos formativos diseñados para trabajar distintas áreas de conocimiento con los alumnos. Destaca especialmente el apartado dedicado a competencias mediáticas, informacionales y digitales, alineadas con la LOMLOE.

● RADIO EDU

Estos pioneros en el ámbito de la radio escolar en España cuentan con una amplia variedad de recursos diseñados específicamente para trabajar en este medio educativo. Todos estos materiales han sido desarrollados por los distintos centros educativos que forman parte de su red.

● RADIO DIGITAL EDUCATIVA DE CANARIAS

Ha desarrollado una serie de infografías muy completas sobre los distintos géneros radiofónicos. Aunque, debido a su nivel de complejidad, no recomendamos su uso directo en la etapa de Primaria, pueden ser un recurso valioso para que el docente las adapte según las necesidades del alumnado.

● CONGRESO NACIONAL DE RADIO ESCOLAR

El Congreso, organizado por el Ministerio de Educación, Formación Profesional y Deportes, junto con la Junta de Comunidades de Castilla-La Mancha, nace con el objetivo de destacar la importancia de la radio escolar. Este evento busca promover el diálogo, ofrecer formación, compartir experiencias y fomentar nuevas conexiones entre los participantes. En su página web se pueden consultar las diversas ponencias presentadas, entre ellas, la intervención de la Ministra de Educación, Pilar Alegría, quien tuvo a su cargo el acto de clausura.

● INFORME DE RADIO ESCOLAR EN ESPAÑA

En septiembre de 2024 se presentó en Cuenca, dentro del Congreso Nacional de Radios Escolares, un informe pionero que ofrece una primera radiografía de la radio escolar en España. Este valioso trabajo ha sido liderado por la periodista Pilar Pareja, una firme defensora de esta herramienta educativa, en colaboración con INTEF y ESIC University. Además, Pareja es una de las organizadoras de los prestigiosos Premios Gonzalo Estefanía, mencionados anteriormente.

● PROGRAMACIÓN INFANTIL EN RADIO 5

Radio Nacional de España ofrece una variada y rica programación. Algunos de sus contenidos no se transmiten por antena y están disponibles exclusivamente en formato pódcast. Estos programas representan un recurso excelente para que el alumnado se familiarice con el formato radiofónico y desarrolle habilidades de escucha activa. A través del siguiente código QR, podrás acceder a su propuesta especialmente diseñada para los más pequeños.

● LA RADIO DEL COLE | ONDA MADRID

Un programa semanal en el que Daniel Ortuño visita centros educativos de la Comunidad de Madrid para realizar emisiones en directo.

LIBROS DE LA TEMÁTICA:

En España, prácticamente no existen publicaciones dedicadas a la radio escolar, y en otros países, la situación es aún más escasa. Es por eso por lo que queremos compartir con vosotros algunos libros que han iluminado y enriquecido nuestro trabajo. Esperamos que también sean fuente de inspiración para vosotros.

● **LA RADIO, EL ACOMPAÑANTE SILENCIOSO | KAILAS**

Gorka Zumeta realiza un análisis ameno y riguroso que traza el panorama de la radio en España, aprendiendo de su historia y proyectando un futuro prometedor para el audio. El libro incluye entrevistas inéditas con grandes referentes del mundo radiofónico, lo que lo convierte en una obra imprescindible para los amantes del medio.

● **EL GRAN CUADERNO DEL PODCASTING | KAILAS**

Francisco Izuzquiza nos presenta un manual indispensable para quienes deseen adentrarse en el fascinante mundo del *podcasting*. Aunque incluye capítulos técnicos, su estilo didáctico y accesible permite que cualquier lector pueda disfrutarlo y aprender de sus páginas.

● LA RADIO PUESTA | EDITORIAL ANAGRAMA

Este ensayo, escrito con delicadeza por Javier Montes, reivindica la radio como una compañía, fuente de inspiración y ventana al mundo. Combina lo íntimo y lo universal y ofrece al lector una experiencia verdaderamente cautivadora. Saborear sus páginas es un auténtico deleite.

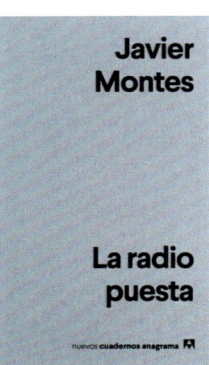

● 100 AÑOS DE LA CADENA SER

Un viaje por la memoria compartida del siglo de vida de la radio y una reflexión sobre el futuro del medio. Aunque el ejemplar ya no es posible adquirirlo en papel, sí puedes leerlo online desde la web de la Cadena SER que ha sido la encargada de escribirlo.

● RADIO POPOV Y LOS NIÑOS OLVIDADOS | NØRDICA

Esta novela, escrita por Anja Portin, es una de nuestras recomendaciones para leer junto con vuestros alumnos en clase. A través de sus páginas, podréis reflexionar con ellos sobre la importancia de la escucha activa a través de la radio. No os contamos más para evitar *spoilers* y dejar que descubráis la magia de la historia por vosotros mismos.

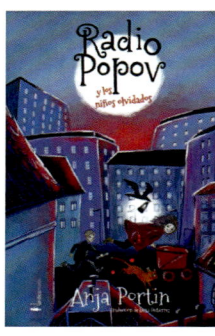

WEBS Y APPS DE POSTPRODUCCIÓN Y DIFUSIÓN

- **INTEF**

  El Instituto Nacional de Tecnologías Educativas y de Formación del Profesorado ofrece un amplio banco de recursos multimedia en abierto que enriquecerán tus contenidos.

- **MIXKIT**

  Otra excelente opción para acceder a recursos multimedia gratuitos de alta calidad.

- **ADOBE PODCAST ENHANCE**

  Una herramienta gratuita impulsada por inteligencia artificial que mejora la calidad de tus audios.

- **ONLINE CONVERT**

  Convierte fácilmente cualquier archivo a diferentes formatos, como pasar vídeos a MP3, con esta práctica herramienta.

- **OPUS CLIP**

  Convierte vídeos largos en clips optimizados para redes sociales y recibe sugerencias sobre cuáles funcionarán mejor.

● EFECTOS SONOROS CASEROS

El profesor Ernesto Guevara Quiroz, junto con sus alumnos de la carrera de Comunicación Social en la Universidad Católica Boliviana de Cochabamba, elaboraron esta guía tan completa.

● CANVA

Simplifica el diseño de materiales visuales para tu radio escolar con esta herramienta. Además, como docente puedes solicitar acceso gratuito a la versión premium.

● APP TELEPROMPTER PRO

Mejora la fluidez lectora de tus alumnos y ayúdales a mantener un ritmo adecuado para facilitar la comprensión de los oyentes.

Con estas herramientas y recursos, tendrás todo lo necesario para llevar tu proyecto de radio escolar al siguiente nivel. ¡Manos a la obra!

AGRADECIMIENTOS Y CONTACTO

Llega el momento de despedirse, y con él, la oportunidad de expresar nuestro agradecimiento a todos los compañeros que han estado a nuestro lado a lo largo de estos años. Personas que, con su pasión y dedicación, nos han hecho enamorarnos cada vez más de la radio escolar. Esperamos que este sentimiento se haya reflejado en la lectura de estas páginas.

Comenzamos por la Fundación COPE, por su impulso a los Premios Gonzalo Estefanía, y nuestro agradecimiento especial a Pilar Pareja, José Luis Pastor y Gorka Zumeta, quienes lideran desde hace años esta iniciativa. Desde el primer momento en que conocieron los proyectos radiofónicos de nuestros centros, creyeron en ellos y han logrado visibilizarlos a lo largo de estos años de distintos modos.

Nuestro sincero agradecimiento a INTEF, por promover el Congreso Nacional de Radio Escolar, y en particular a Alberto Perea, uno de sus coordinadores, por confiar en nosotros y habernos invitado como panelistas. Esta experiencia nos ha permitido abrir nuevos horizontes, descubrir el excelente trabajo que ya realizan otros compañeros y motivar a aquellos que aún sienten cierto vértigo al dar sus primeros pasos en este campo.

Agradecemos también al Grupo Ábside Media, a Cadena SER y a Radio Televisión Española, por abrirnos sus puertas y permitirnos realizar visitas educativas en sus sedes, enriqueciendo de esta forma la formación de nuestros alumnos.

No podemos olvidar a todos los profesionales de la comunicación que, a lo largo de los años, han respondido a nuestra invitación para concedernos entrevistas y para posibilitar experiencias inolvidables para nuestros estudiantes: Javi Nieves, Fernando Timón, Fede Cardelus, Cristina López Schlichting y Javier Casal entre otros.

Un agradecimiento especial a nuestros hermanos mayores de Canarias y a *RadioEdu*, capitaneada por Pilar Gómez-Cardoso. Su vasta experiencia en ambas comunidades está iluminando nuestro camino, y agradecemos su generosidad al compartir sus valiosos materiales con el resto de docentes.

A los diferentes CTIF de la Comunidad de Madrid, por proponer cada vez más formaciones sobre radio escolar. En particular, al CTIF Sur, que desde el inicio ha confiado en nosotros.

Nuestro reconocimiento a la Comunidad de Madrid por poner en marcha la red de radios escolares *Voces del aula*, y especialmente a María Terrón, por liderar este proyecto que está contribuyendo a crear una cultura radiofónica escolar en nuestra región.

Queremos expresar nuestro más profundo agradecimiento al equipo directivo y al claustro del CEIP Luis Vives de Parla, así como al Colegio J.H. Newman de Madrid, por su continuo apoyo y compromiso con la radio escolar a lo largo de todos estos años. Asimismo, extendemos nuestra gratitud a nuestros alumnos, quienes son y siempre serán la esencia y la razón de ser de este proyecto.

Finalmente, a ti, gracias por confiar en nosotros y permitirnos acompañarte en esta aventura, ya sea que apenas la inicies o que ya lleves varios años sumergido en ella. Aunque este libro llegue a su fin, el contacto no se interrumpe. Por ello, te dejamos un correo para que puedas ponerte en contacto con nosotros, compartir tu *feedback* sobre el libro, solicitar formación o darnos a conocer tu proyecto de radio escolar. Y para que así podamos seguir aprendiendo de lo que haces. ¡Larga vida a la radio!

CONTACTO

INSTAGRAM: @elegidradio

X: @pindado_jesus

LINKEDIN: Jesús Ángel Pindado Ocaña

E-MAIL: elegidradio@gmail.com

EPÍLOGO:
GORKA ZUMETA

LA RADIO ESCOLAR, FÁBRICA LÚDICA DE CIUDADANOS RESPONSABLES Y EDUCADOS

Atiendo halagado la invitación de los autores de este libro, con la responsabilidad de cerrarlo y, al mismo tiempo, dejarlo muy abierto. Porque usted, apreciado lector, docente, será el encargado de continuar su labor experimentando, certificando, aportando nuevos hitos, con la ventaja de soslayar los primeros errores, que han quedado exiliados gracias a este magnífico trabajo, escrito desde la pasión.

La radio escolar es un medio, no es un fin en sí misma. La radio es una herramienta pedagógica que, aplicada en las aulas de nuestros centros de enseñanza, se ha revelado mucho más mágica de lo que ya es de por sí. Entiendo que, si ha leído las páginas que me anteceden, es porque siente usted curiosidad por los beneficios de la radio aplicados entre la población educativa y piensa, si no lo ha hecho ya, en implantarla en su centro.

Y, antes de continuar, he de advertirle que yo también participo de la pasión que ha inspirado a sus autores. Basta sentarse en un estudio de radio ante alumnos de Primaria, o Secundaria, mirarles a los ojos y comprobar que les brillan y, a partir de esa emocionante percepción, dejarse llevar, y aprender de ellos, de su desparpajo, de su naturalidad, de su increíble soltura, de una excelente relación con el micrófono, al que, al principio de mi carrera, me costó muchos sudores acercarme. Y ellos lo han logrado interiorizar jugando, siendo en muchos casos unos infantes.

Esta relación, basada en la cotidianeidad de un trabajo maquillado de divertimento, les aporta cualidades de las que, por desgracia, muchos adultos, por muchos años que acumulen, carecen: capacidad de diálogo, aceptación del contrario, respeto por sus opiniones, trabajo en equipo, desarrollo del pensamiento crítico y habilidades de comunicación, fomento de la socialización, y esto sin pretender ser exhaustivo.

El micrófono ejerce sobre ellos una especie de hechizo redescubridor de personalidades. Los niños más retraídos encuentran consuelo en él, y la posibilidad de ser escuchados. Los más lanzados, una oportunidad para el estrellato. Pero todos se sienten cómodos, superadas las primeras barreras, que el profesor o profesora debe eliminar para darles confianza. En estos tiempos en que la atención de nuestros jóvenes vive secuestrada por la imagen y el smartphone, que se ha convertido en una extensión de sus extremidades, el sonido llega para, igual que los libros, desarrollar la imaginación, cultivar el espíritu y encauzar su pensamiento. Y, lo mejor de todo esto, es que la experiencia les atrapa, y consigue extraer lo mejor de cada uno. Incluso, en algunos casos, lo más desconocido y oculto.

Jesús Ángel Pindado y Francisco Valero no solo comparten estas reflexiones, sino que las han experimentado, y las han impulsado con sus alumnos. Y han conseguido materializar esa magia a la que antes me refería. Porque existe. Me confieso públicamente un envidioso de su trabajo, y de sus logros. Me cabe la satisfacción de haberlo vivido, con enorme emoción, y ejercer como testigo y notario.

Como profesional, añado dos reflexiones más, que he podido certificar. La primera que, en tiempos en los que los jóvenes desprecian la radio, y evitan acercarse a ella, porque ella no se preocupa por ellos, la radio escolar ha logrado inocularles el virus del audio y están cambiando sus hábitos de consumo, dedicándole más atención a la escucha de historias sonoras, dejándose embaucar como oyentes agradecidos.

Y, segundo, la concurrencia de la radio escolar en los centros de enseñanza, y la participación de los alumnos en ella, está creando un atractivo escaparate entre los jóvenes a la hora de elegir su futuro profesional, una labor cada vez más compleja y dispersa, difícil de tomar, que les introduce en muchos casos en una interminable pesadilla de la que no consiguen despertar. La radio, la comunicación, es una salida profesional que, aunque no constituye el objetivo principal de la radio escolar, contribuye a ofrecerles, practicándola, una salida profesional que despierta vocaciones, tan necesarias como ausentes.

Como digo siempre, la radio escolar carece de contraindicaciones, a diferencia de los interminables folletos farmacéuticos ininteligibles que insuflan miedo. La radio escolar se manifiesta increíblemente como una fábrica lúdica de ciudadanos responsables y educados. Llevo más de medio siglo enamorado de la radio, he tenido la suerte de ejercer como profesional, durante más de treinta años, pero nunca, hasta (re) descubrir la radio como 'radio escolar' me he sorprendido tanto de sus capacidades para transformar el mundo. No se lo piense más, póngase a trabajar para vivir esta experiencia increíble.